# 戦略の不条理

## なぜ合理的な行動は失敗するのか

菊澤研宗

光文社新書

目次

# 序章

## 経営管理論から経営戦略論の時代へ

近年、日本ではビジネスの世界を中心に、軍事用語である「戦略」(Strategy)という言葉をよく耳にしたり見かけたりするようになりました。また、学問においても、現代の経営学の中心的対象は徐々に経営戦略論となりつつあります。なぜでしょうか。

戦後、長きにわたって日本企業に戦略的な悩みはほとんどありませんでした。米国から無償でたくさんの先端技術や最新知識を輸入することができ、それにもとづいてより安くよりコンパクトな製品をいかにして大量に生産するか、それだけがビジネス上の問題だったからです。したがって、日本企業に必要だったのは、より効率的に生産するための経営組織論や経営管理論だけでした。

しかし、そういった平和な時代は終わりました。もはや、米国はかつてのように無償で最先端の技術や最新の知識を提供してくれなくなりました。むしろ、日本企業の多くは平和な時代に米国から輸入した知識や技術を堂々と利用しているため、今日、日本企業が米国に進出する場合、かなりの確率で特許侵害訴訟を起こされるかもしれないという状況です。

他方、安くて品質の良いものを大量生産するという従来の日本企業の優位性も薄れてきました。というのも、今日、アジア諸国では安価な労働力を利用して日本企業以上に安くて品質の優れた製品を製造する企業がたくさん出現してきているからです。その勢いに、日本企業はとうてい太刀打《たちう》ちできません。

このように前を向いても後ろを見ても壁が立ちはだかっているような閉塞《へいそく》状況で、日本の組織や企業はどのようにして生き抜いていくのか……。もはや「戦略」や「戦術」、「作戦」という軍事の概念を避けて通ることはできない時代になっているのです。

### 軍事戦略と経営戦略は異なるのか

こうした時代であるにもかかわらず、いまだ経営戦略は軍事戦略とは根本的に異なるとして、戦略論の本家である軍事から学ぶことはないと頑《かたく》なに思っている人は意外に多いように思います。

彼らはたいてい、軍事戦略ではプレイヤーが自軍と敵軍の二者であるのに対して、経営戦略ではプレイヤーが自社と敵対的企業と顧客の三者になるから、根本的に考え方が異なるのだと言います。

しかし、実際にはそうではありません。軍事戦略も実はプレイヤーは三者なのです。すでに敵が占領している地域を奪い取って統治しようとする場合、プレイヤー1としての自軍の軍隊はプレイヤー2としての敵の軍隊をまず排除し、その後いかにしてプレイヤー3としての地域住民の支持を得て占領統治できるかが問題となるのです。

さらに近年、現実の企業間における競争自体が戦争状態と非常によく似た様相を呈しはじめています。たとえば、少し前の事例ですが、家庭用ビデオをめぐるソニーのベータ陣営とビクターのVHS陣営との戦いは、戦史に登場する戦闘のようにソニーはビクター陣営に包囲殲滅《せんめつ》されるかたちで敗北しました。また、ゲーム業界では、今度は逆にソニー・コンピュータエンターテインメントがサードパーティとしてのソフト会社を果敢に取り込み、任天堂に逆転勝利しました。

そして現在、インターネットが発展して、資本が国際化し、規制緩和が進んだために、日本ではこれまで見られなかった企業の敵対的買収が行われはじめています。特に、乗っ取りのために展開される株式の公開買い付けとその買収のターゲットになった企業との攻防は、かつての世界大戦の攻防に非常によく似ています。

したがって、軍事の世界はいまや現代の企業にとって「マネジメント」や「リーダーシップ」をはじめとする経営戦略に生きる教訓の宝庫だと言えます。不要な偏見は捨てて、日本の企業人もマネジメントや戦略に関する知識や教訓を軍事から積極的に学ぶ時代が来ていると思います。

**戦略とは**

ところで、世界で最初に戦略の概念を使用したのは『孫子』（前5世紀半ば～前4世紀半ば）だと言われています。そして、ヨーロッパでは、クセノフォン（前430頃～前345頃）が軍隊の指揮を意味する「STRATEGOS」、「STRATEGIA」という言葉を用い、これが「戦略（Strategy）」の語源になったと言われています。

では今日、「戦略」という言葉はどのように使用されているのでしょうか。産業界では、企業が生き残りを賭けて市場のシェアを獲得する策略・方法のことを意味します。さらに、ゲーム理論では相討ちをも視野に入れた相手の動きに対するこちら側の最適な適応行動（ナッシュ均衡行動）のことであり、組織論の世界では変化する環境への柔軟な組織的適応のことを言います。

このように現在、「戦略」という言葉は様々な分野で多様に使用されていますが、その本質はみな同じです。それは、生物学あるいは進化論に通じる生存のための積極的あるいは消極的方法であり、生き残るための知恵、生存するためのアート（技法）のことです。

組織が生き残るためには、ひたすら誠実にがんばるとか、ただがむしゃらに突き進むというのでは十分ではありません。われわれはいまどのような世界に生きているのか、どのような世界の中に置かれているのかなどについて、自らを取り巻く世界に関する深い洞察が必要となります。そして、そのような洞察にもとづき、試行錯誤を通して絶えず世界に適応しようとする努力が必要なのです。

### 戦略思想の流れ

歴史的に展開されてきた戦略思想を眺めてみると、物理的世界観のもとに、軍事の世界で強者の戦略論を展開したのは、名著『戦争論』で有名なカール・フォン・クラウゼヴィッツ（1780～1831）です。

彼は、世の中で最も実在性のあるのは物理的・肉体的世界であり、それゆえそのような世界と関連しないどんなものも実在しないし、存在感もないといった世界観のもとに、敵の物理的・肉体的世界を徹底的に攻撃すれば、敵の心も折れてしまうと考えていました。それゆえ、暴力によって敵の物理的・肉体的世界を徹底的に攻撃することが、最も効果的な戦いの手段であると捉えていたのです。

しかし、このような物理的・肉体的な暴力だけでは決して敵に勝つことはできないと考えたのが、英国の軍事戦略家バジル・ヘンリー・リデル・ハート（1895〜1970）でした。彼は、物理的・肉体的世界とは別に、人間の心理的世界もまた自律的に存在していることに注目し、物理的世界と心理的世界の二元的世界観のもとに新しい軍事戦略を展開しました。彼は、物理的な攻撃は心理的な憎しみを増幅し、憎悪の連鎖を生み出すだけだと考えたのです。

そして、リデル・ハートは、物理的世界だけを前提にして展開されているクラウゼヴィッツ流の戦略を「直接アプローチ」と呼び、人間の心理的世界の実在性を前提にして展開される戦略のことを「間接アプローチ」と呼んで両者を区別し、何よりも後者の重要性を指摘しました。しかも、これら直接アプローチと間接アプローチを体系的に構成するより高次の戦略を、「グランド・ストラテジー（大戦略）」と呼んで、われわれに新しい戦略思想を示してみせました。

さらに、このような物理的世界と心理的世界への戦略的アプローチだけでは敵に勝てない可能性があることを示したのは、科学哲学者カール・ライムント・ポパー（1902〜94）です。彼は、科学的知識を発見する方法や、科学的説明の構造を研究する過程で、人間の五感ではなく、人間の知性によって把握されうる知識や理論といった新しい世界が自律的に存在していることを発見しました。そして、彼は物理的世界を「世界1」、心理的世界を「世界2」、そして知性的世界を「世界3」と呼びました。特に、知性的世界は知性を持つ誰もがアクセスできるという意味で、客観的世界であると主張しました。

## 本書の目的

本書の目的は、このポパーによって展開された物理的世界、心理的世界、知性的世界からなる新しい三次元的な世界観にもとづいて、組織が生き残るためにはこれら3つの世界に対応した3つの戦略的アプローチを体系的に展開し、試行錯誤を通して絶えず環境に適応しようとする努力が必要であることを説明することです。そして、これら3つの戦略を体系的に構成するより高次の立体的戦略、つまり「キューービック・グランド・ストラテジー」こそが、これからの組織における戦略思想であることを読者に伝えることです。

したがって、本書を通して、物理的世界だけを対象とするクラウゼヴィッツ流の一元的戦略だけでは、もはや現代のビジネス界では勝ち抜けないことを理解していただけるのではないかと思います。たとえば、安くて性能の良い製品を作り、それをユーザーに直接的にアピールしてもなぜ売れないのか、そういった「戦略の不条理」に悩まされている組織のリーダーやメンバーに対して、本書は多くの示唆を与えることができるのではないかと思います。

**本書の構成**

以上の目的を達成するために、本書では、以下のような流れで議論を展開してみたいと思います。

まず、第1章では『孫子』の兵法について簡単に紹介します。そして、その兵法を読んでショックを受けた山本七平（1921～91）の旧日本軍への疑念について解き明かしてみたいと思います。彼は、物理的世界や人間の動物的本質をしっかり見つめて自然なかたちで戦略論を展開している『孫子』の兵法と比べて、物理的世界や人間の動物的本質を無視してまったく空虚な精神論や観念論にもとづいて不自然な戦略を日本の兵士に強要した旧日本軍の戦略思想を振り返り、なぜそのような愚かで空虚な戦略を立てたのかという疑問を抱きました。しかし、それは、彼が『孫子』を解釈する際に、物理的世界のみに固執してしまい、心理的世界や知性的世界の存在を否定してしまった結果なのです。

次に、第2章では、この山本七平の疑念に対して、私は太平洋戦争における旧日本軍の戦略思想が必ずしも空虚で愚かなものではなかったことを説明してみたいと思います。そのために、われわれ人間を取り巻く世界が、実は物理的世界、心理的世界、知性的世界といった3つの世界から構成されていることを明らかにしたいと思います。とくに、その多元的世界観の主張者である科学哲学者K・R・ポパーの実在論を参考にして、このことを説明してみたいと思います。

たしかに、観念、知識、理論、権利などは手で触ることも目で見ることもできないのですが、現代ではそれがビジネスの対象として非常に関心が高まっており、その存在感もまた増しています。それゆえ、今後、これら3つの世界を対象とする新しい多元的戦略論、つまり「戦略のキュビズム」と呼びうるような立体的な戦略的思考を展開しないと、「戦略の不条理」に陥ることになることを説明したいと思います。

ここで、戦略の不条理とは、特定の世界ではきわめて適合的で合理的な行動をしているのですが、別の世界ではまったく不適合となっているために淘汰されてしまう「合理的不適合」と呼びうる不条理な現象のことを言います。

続く第3章では、これら3つの世界のうち、まず目に見える物理的世界の実在性だけを強く信じ、この世界を果敢に攻め立てることに力点を置いて直接アプローチ戦略の重要性を主張したのが軍事戦略の代表者クラウゼヴィッツであり、この直接アプローチ戦略思想を経営学の分野に持ち込んだのが、新古典派経済学にもとづくマイケル・ポーター以降の一連の経営戦略論であることを明らかにしてみたいと思います。

しかし、このような一元的世界観にもとづく戦略論では、心理的世界や知性的世界で変化が起こったとき、その変化に対応できず、組織は淘汰されてしまう可能性があります。また、逆に物理的世界の一元論的戦略によって、たとえ物理的世界で変化を起こし得たとしても心理的世界や知性的世界が変化しない場合、結局、何の効果や変化も生み出さないという「戦略の不条理」に陥る可能性があることも明らかにしてみたいと思います。

第4章では、物理的世界だけではなく、心理的世界の実在性も認識し、そのような心身二元論的な世界を前提として新しい軍事戦略論を展開してみせたリデル・ハートの戦略論を説明してみたいと思います。彼は、暴力で攻撃すればするほど逆に敵は復讐心を燃やすので、戦いは終わらないと考えました。このような彼の二元論的な戦略論を紹介してみたいと思います。

同様に、経済学の分野でも今日、カーネマン、トヴェルスキー、セイラー等によって行動経済学の名のもとに物理的世界だけでなく、人間の心理的世界を対象とする研究が展開されていることを紹介してみたいと思います。彼らの研究によっても、「戦略の不条理」現象を説明することができます。

しかし、このような二元論的な戦略的アプローチでも、なお現代を生き抜くには十分だとは言えません。というのも、第3の世界である知性的世界で変化が起こったとき、このような二元論的アプローチではその変化に対応できず、淘汰されてしまう可能性が高いからです。

そこで、第5章では、物理的世界、心理的世界とは別に、さらに知識、理論、観念などの人間の知性によって把握されうるもう1つの世界が存在し、その知性的世界へのアプローチの重要性について説明してみたいと思います。

特に、軍事の世界でこの知性的世界へのアプローチにこだわった人物として、ドイツの天才将軍エルヴィン・ロンメル（1891〜1944）を紹介してみたいと思います。彼は新しい知性的世界の実在を認識し、こうした世界へのアプローチを積極的に試みました。

同様に、経営学の分野でもこのような知性的世界の存在に注目し、特に知性的世界の住民の1人として見えないコスト、すなわち「取引コスト」が存在していることを発見した人物がいます。ノーベル経済学賞を受賞したロナルド・コース（1910〜）、そしてオリバー・E・ウィリアムソン（1932〜）たちです。彼らによって展開された取引コスト理論にもとづく経営戦略論についても簡単に紹介してみたいと思います。

以上のような議論を踏まえて、第6章では、合理的に行動してきたにもかかわらず「戦略の不条理」に悩まされてきた人たちに、何らかの光となるアイデアを示したいと思います。

戦略の不条理を回避するためには、物理的世界、心理的世界、そして知性的世界といった3つの実在世界を強く意識し、それぞれの世界に対応する3つの戦略を体系的に展開し、試行錯誤を通して絶えず環境に適応していくキュービック・グランド・ストラテジー（立体的大戦略）が必要となります。そして、そのために戦略のキュビズムとも言うべき戦略の哲学が必要になるのです。とくに、その具体的な事例として軍事の天才ハンニバル（前247〜前183）の戦い方やナポレオン（1769〜1821）の戦い方、そして『孫子』の兵法を改めて考察し、そこからキュービック・グランド・ストラテジーの基本原理を抽出してみたいと思います。

最後に、第7章では、この立体的大戦略、つまりキュービック・グランド・ストラテジーの基本原理についてより詳細に、そしてより深く説明してみたいと思います。この立体的戦略の哲学こそ、今後、精神主義的伝統を持つ日本企業が受け継ぐべきより洗練された戦略思想であることを述べてみたいと思います。

本書を通して、このキュービック・グランド・ストラテジーや戦略のキュビズムの意義を読者のみなさんにお伝えすることができれば幸いです。

# 第1章　旧陸軍将校・山本七平と孫子の思想

## （1）旧日本軍は戦略的に誤っていたのか

### 山本七平の驚き

太平洋戦争中、陸軍の青年将校として戦った山本七平は戦後『孫子』を読み、脳天を叩かれた思いがしたと、著書『孫子の読み方』で述べています。それはどういう意味だったのでしょうか。

彼はその理由として、『孫子』の兵法が、太平洋戦争中に旧日本軍が戦勝の必須要件としていた「愛国心」にも「滅私奉公」にも「必勝の信念」にも触れていない点を挙げています。しかし、もっと驚いたのは、『孫子』では、部下に対して超人的な自発的努力や精神的能力の発揮や並外れた勤勉ささえ要求していないし、あてにもしていないところでした。『孫子』では、まったくの自然体で戦いに臨むことだと主張しているというのです。

このように『孫子』を解釈して、山本七平は青年将校としてかつて体験した旧日本軍のやり方に対して強い疑問を抱きました。日本軍は自然に反して、兵士に無理ばかりを強《し》いていたというわけです。

## 不自然な旧日本軍の戦い方

『孫子』の兵法では、人間が動物である以上、兵隊が本能的に生を欲するのはあたりまえのことであり、敵が来なくても食糧がなくなれば、兵隊は自然に食糧のある方へ逃亡してしまうものだとしています。同様に、『孫子』の兵法では、強い敵が来たら兵隊は本能的に逃げるものだとも言っています。

こういった様々なことを当然のこととして、これは味方にとっても敵にとっても言えるのだということを前提に、その自然な人間の本能を利用して展開されているのが孫子の兵法だと山本七平は言うのです。

そして、このような孫子の兵法に照らしてみると、彼が将校として経験した旧陸軍の戦いぶりはあまりにも異常だったというわけです。というのも、旧陸軍はまったくその逆のことをしていたからです。それは、動物としての人間の本質をまったく無視した戦い方だったというのです。

旧陸軍は、強い敵がくれば、「必勝の信念」で迎え撃ち、食糧がなければ、「泥水をすすり、草を食《は》み」といった精神力で耐える。それを当然として自らに課し、部下に対してもそれを強要していたというのです。

これを孫子の兵法に照らしてみると、旧日本軍の行動は完全に間違っていたというわけです。旧日本軍は現実世界に目を向けることなく、実際には存在しない空虚な幻想や観念や精神にもとづいて、まったくおろかな戦い方をしていたというのです。

さて今日、多くの人たちは、このような山本七平の旧日本軍批判に納得するのではないでしょうか。そして、旧日本軍の愚かさを嘆き、全面的に否定するのではないかと思います。そして、二度とあのような悲惨な戦争を起こさないように、当時の旧日本軍の不自然で空虚な観念論的体質を徹底的に否定するのだと思います。幻想に従って行動し、また幻想を部下に強要した旧日本軍を愚かだと言うでしょう。そして、二度とあのような空虚な観念や幻想を抱いてはいけないのだというのが、戦後の多くの人々の意見だと思います。

## 観念も実在している

しかし、旧日本軍は本当に空虚な実体のない幻想や観念にとらわれて行動していたのでしょうか。それは全くナンセンスな行動だったのでしょうか。実は、私はそう思ってはいません。私は、食べ物や鉄の武器や弾丸と同じように、「観念」や「幻想」や「価値」も実体として存在していると考えるからです。

たしかに、観念や幻想や価値などというものは手で触れることもつかむことも、そして目で見ることもできません。しかし、それらはわれわれ人間が発明し発見した知識と同じく、それ自体が実在しているのです。そして、実はこのような観念や幻想や価値の実在について、『孫子』の兵法でも述べられているのです。

戦い上手な人は、敵の戦う精神が強いときには戦いを避け、士気が衰えたときに攻撃する。つまり、「その鋭気を避けてその惰気《だき》を撃つ」。そして、敵を包囲したら逃げ道をつくり、窮地に追い込んだ敵はその気力が強いので、これを攻撃してはならないということ、つまり孫子の言葉を借りると「囲師《いし》には必ず闕《か》き、窮寇《きゅうこう》には迫ることなかれ」ということです。

要するに、山本七平は孫子を読むに当たって、旧日本軍の精神主義を忌み嫌うあまり、人間の動物的欲求という物理的世界の観点のみから理解し、『孫子』にみられる「精神」、「観念」、「価値」の重要性を見落としてしまったのです。

では、『孫子』の兵法とはいったいどのようなものだったのでしょうか。ここで、本当の姿を簡単に整理したいと思います。今日、『孫子』の兵法に関する解説書はたくさん出版されています。しかし、私の知るところでは、それを本当にやさしくかつ簡潔にまとめたものはほとんど見当たりません。その『孫子』の兵法を、マネジメントに関連したかたちで大胆に要約すると、以下のような内容になると思います。

## （2）『孫子』の本質

### 作者は孫武

『孫子』とは、武経七書の1つに数えられている兵法書です。著者についてはいろいろと議論されてきましたが、現在では孫武《そんぶ》という中国の春秋時代の思想家ではないかと言われています。『孫子』は、孫武がいったん書き上げた後、後継者たちによって徐々に内容が書き加えられていったために肥大化し、その後、曹操《そうそう》によって整理され、現行のかたちになったとされています。

孫武は当時、新興国であった呉《ご》に仕え、その勢力拡大におおいに貢献した人物であると言われています。そのため、『孫子』の兵法は、前5世紀中頃～前4世紀中頃あたりに著されたのではないかと推測されています。

では、『孫子』の著者である孫武とはどのような人物だったのでしょうか。孫武に関する逸話《いつわ》は、現在1つしかありません。それは、前漢の司馬遷《しばせん》が著した『史記』に次のように記されています。

孫武の出身地は斉《せい》の国であるとされています。長じて兵法に優れているという噂が広まり、彼は呉の国王から招聘《しょうへい》されます。呉の国王は孫武に会うと、実際に兵士を訓練して、その腕前を見せてほしいと要請しました。しかも、その訓練の対象は女たちだけでも可能かとたずねます。この要請に、孫武は快く応えます。

そこで、国王は宮中の美女１８０人を庭に集めました。孫武は、彼女たちを２つの部隊に分けて、国王からとくに寵愛《ちょうあい》を受けている２人の女をそれぞれの部隊の隊長にして、全員に矛《ほこ》を持たせました。

孫武は、号令とそれに対応した動作を教え、斧《おの》などの刑罰具をその場に並べて、号令を繰り返し5回にわたって言い渡しました。それから、太鼓を打ち鳴らして右を向くように号令を出しました。しかし、女たちは笑って真面目に行動しようとはしませんでした。そこで、孫武は「号令が分かりにくく、私の説明が不十分であったとすれば、それは私の罪である」と言って、改めて5回にわたって号令の意味を説明し、その上でもう一度太鼓を打ち鳴らして左を向くように号令を発しました。

しかし、女たちは再び笑って行動しませんでした。そこで、孫武は「号令が分かりにくく、説明が不十分であったとすれば、それは私の罪である。しかし、号令が明確なのにそれが守られないのは隊長の責任である」とし、刑吏《けいり》を呼んで、国王が寵愛する2人の女の首を刎《は》ねようとしました。

そのとき、台の上から訓練の様子を見ていた国王が急いで使いをやり、2人の女のために命乞いをしました。しかし、孫武は「将たる者、軍にあっては、君命も受けぬ場合がありま す」と言って、2人の女を打ち首にして、その首を女たちに見せて回りました。

こうして、新たに2人の女を隊長として選んで訓練を再開したところ、今度は女たちは孫武の号令に合わせて一糸乱れぬ行動をとるようになりました。この様子を見ていた国王は、孫武の才能を確信し、彼を取り立てることを決定しました。こうして、新興の呉は強国となっていったといいます。

## 『孫子』の構成

さて、『孫子』の兵法の内容は、以下の13篇からなっています。ただし、底本の違いによって順番やタイトルが異なっているものもあります。

計　篇――この部分は序論であり、戦争を決断する前に考慮しておくべき事柄について説明しています。戦争は国家の重大事であり、慎重に情勢判断を行って決断する必要があり、事前に情勢を分析すれば、事前に勝敗は分かるということを述べています。

作戦篇――ここでは、戦争の準備計画について説明しています。特に、経済的負担をかけないために、短期決戦が有効だと主張しています。

謀攻《ぼうこう》篇――ここでは、『孫子』の最も有名な文句、すなわち百戦百勝は最高の勝ち方ではなく、戦うことなくして勝利する方法が最上の方法であることが述べられています。

形《けい》　篇――ここでは、攻撃と守備のそれぞれの不敗態勢について説明し、敵が隙《すき》を見せたところを討つ必要性について述べています。

勢《せい》　篇――ここでは、上述の態勢から生じる軍の勢いの重要性について説明しています。また、戦いでは正と奇を組み合わせた変幻自在の戦術が重要であることも述べています。

虚実篇――ここでは、戦争における主導権の重要性について説明しています。常に、主導権をもって敵の隙を攻めるのが戦いに勝つ方法だと述べています。

軍争篇――ここでは、敵軍の機先をいかに制するかについて説明しています。機動力で敵の機先を制して勝つことの重要性について述べています。

九変篇《きゅうへん》――ここでは、戦局の変化に対して、臨機応変に対応するための9つの方法について説明しています。固定観念にとらわれずに、地形や状況に応じて柔軟に戦うことの重要性について述べています。

行軍篇――ここでは、軍を進める上での注意事項について説明しています。敵情や地形をよく分析し、味方が有利で敵が不利な状態で戦う必要性について述べています。

地形篇――ここでは、地形によって戦術を変更することの必要性について説明しています。地形をうまく使えば大きな力になるということです。

九地篇《きゅうち》――ここでは、9種類の地勢について説明し、それに応じた戦術について説明しています。

用間篇《ようかん》――ここでは、スパイや敵情偵察の重要性について説明しています。情報なくして戦略は成り立たないこと、情報の収集が将軍の最大の務めの1つだということです。

火攻《かこう》篇――ここでは、火攻め戦術について説明しています。火攻めは、目標によって違ったやり方があることを述べています。

## 『孫子』の戦略論

私の考えでは、以上のような背景と構成からなる『孫子』の兵法の最高原理の１つは、やはり「百戦百勝は善の善なるものにあらざるなり。戦わずして人の兵を屈するは善の善なるものなり」だと思います。

これは、１００回戦って１００回勝利することが必ずしも最高の行動ではないということです。たくさんの資金や資源や人命を失うような戦争をせずに相手を屈服させることができるならば、それこそが最高だという原理です。

これはとても素晴らしい原理です。これを別の言葉で言うと、最高の戦い方とは相手の意図を事前に見破って事前に戦い自体を封じてしまうような戦い方だということです。『孫子』の言葉で言えば、「上兵《じょうへい》は謀《ぼう》を伐《う》つ」です。

しかし、どうしても敵と直接戦わざるを得なくなった場合にはどうしたらいいのでしょうか。この場合、『孫子』の兵法の原理では「彼を知り己を知らば百戦殆《あや》うからず」というも

図表1

| 『孫子』の戦略論 | |
|---|---|
| 百回戦って百回勝利することが最高の行動ではない。戦わないで勝つことが最善である | |
| **戦わずして勝つ** | **戦って勝つ** |
| 事前に相手の意図を見破って戦い自体を封じてしまうこと | 敵のことを知り、自軍のことを知れば、負けることはない |
| | 敵のことを知らず、自軍のことだけを知っているならば、勝負はいつも五分五分である |
| | 敵のことを知らず、自軍のことも知らなければ、常に負ける危険に晒される |

のになります。相手のことを十分知り、自分のことも十分知って戦えば、決して負けることはないというわけです。

とくに、『孫子』の兵法では、相手を知り自分のことも十分に知った上で戦いの主導権を握り、相手の意図に乗らず、相手をこちらの意図に従わせることが重要だと説いています。『孫子』の言葉で言えば、「善《よ》く戦う者は、人を致《いた》して人に致されず」ということです。

さらに、敵を欺《あざむ》き、常に敵より先に戦場に行く必要があるとも言っています。そして、不敗の態勢を整えて、好機を待つ。「まず、勝つべからざるをなして、もって敵の勝つべきを待つ」つまり、まずこちら側の守りを固めて簡単に負けない態勢を整え、敵軍が弱点を現すまで待ち、そこで自軍が攻撃すれば必ず勝てるというわけです。

また、『孫子』では、戦いの勝敗は事前に分かっているものだとも言っています。そのためには、あらかじめ徹底した情報収集をしておく必要があり、その費用を惜しんではならないと注意しています。情報は敵よりも早く多く収集する必要があり、そのために、スパイ活動は非常に重要だとしています。

以上のような冷静で柔軟な生き残りのための考え方が、『孫子』の戦略思想なのです。

## 『孫子』の戦術論

こうした基本的な戦略思想にもとづいて、戦わざるを得ない場合、具体的にどのようにすればいいのでしょうか。

『孫子』によると、最初から型にはめないで、常に自然体で対応すべきだというのが基本的な考えです。軍隊は、その時々の状況に応じて臨機応変に対応することになるので、『孫子』では勝利のかたちに同じものは2つとないとしています。軍隊は常に水のように、敵陣の形状に対応して千変万化すべきである、つまり「それ兵の形は水に象《かたど》る」ということです。

同じことを、『孫子』では次のようにも表現しています。すなわち、状況に応じてときには風のように速く、ときには林のように静かに好機を待ち、ときには火のように攻め、ときには山のようにどっしりと動かないように対応する。この「疾《はや》きこと風の如く、その徐《しず》かなること林の如く、侵掠《しんりゃく》すること火の如く、動かざること山の如く」という件《くだり》は、武田信玄が軍旗に記した「風林火山」に受け継がれています。

そして、『孫子』の兵法では、自軍の兵力と敵の兵力に応じた戦い方が具体的に説かれており、それを「謀攻篇」では、以下のように述べています。

故に用兵の法、十（倍）なれば之《これ》を囲み、五（倍）なれば之を攻め、倍すれば二つに分かち、敵すれば（互角なら）之とよく戦い、少なければよく之から逃げる。しかざればよく之を避け、故に小敵の堅《けん》は大敵の擒《さん》なり。（カッコ内は筆者補足）

これを簡単に解説すると、以下のようになります。

① もしこちら側の兵力が敵の10倍であるならば、敵を包囲殲滅する。
② もしこちら側の兵力が敵の5倍であるならば、積極的に攻めて攻めまくる。

ただし、攻める場合には長期戦で成功した例は聞いたことがない、つまり「兵は拙速《せっそく》を聞くも、いまだ功の久しきを睹《み》ざるなり」なので、とにかくてっとり早く短期決戦で終わらせることが重要だとしています。

また、兵力についても、『孫子』の兵法では、物理的にあるいは絶対的な数という意味で敵軍の10倍や5倍ということを意味しているわけではありません。自軍が一体化し、相手を10や5つのグループに分割し、これを一つひとつ潰してゆけば、自軍の兵力は相手兵力の10倍や5倍になるということを意味しています。これは今日、「各個撃破」と呼ばれている戦法です。『孫子』の言葉で言えば、「我は専《あつ》まりて一となり、敵は分かれて十となれば、これ十を以てその一を攻めるなり」ということです。

③　もし自軍が敵兵力の2倍であるならば、正面と背後の二方面から攻めるのが良い方法だとしています。

④　そして、もし兵力が互角ならば、相手を油断させたり、敵の弱点を見つけて敵の不意を突く奇策も必要だと説いています。戦いとは基本的にだましあいであり、「兵は詭道《きどう》

なり」と述べています。そして、敵と対峙《たいじ》するときには正規の作戦を展開し、敵に勝つためには奇襲作戦を展開する必要があると説きます。つまり、「およそ戦いは、正を以《もっ》て合《がっ》し、奇を以て勝つ」ということです。

さらに、敵を思いのままに行動させるには、敵が最も重視しているところを取ることだとしています。つまり、「先ずその愛する所を奪わば、則《すなわ》ち聴かん」ということです。

⑤問題は、自軍の兵力が敵兵力に比べて劣っているときにはどうすべきかということです。この場合、正面決戦を避けて守りを固める、つまり「強なればこれを避けよ」ということになります。

⑥そして、兵力に差があり過ぎる場合には、退却して決戦をしない、つまり勝算のない戦いはしないことだというのです。それゆえ、「算多きは勝ち、算少なきは勝たず」であり、劣勢ならば退却し、勝算がなければ闘わない、それゆえ「少なければ、則ちよくこれを逃れ、若《し》からざれば、則ちよくこれを避《さ》く」と説いているのです。

図表2

| 『孫子』の戦術論 | |
|---|---|
| 自然体で状況に対応して臨機応変に戦う（風林火山）<br>水の流れのように柔らかく対応するフローの戦闘思想 | |
| 敵軍と自軍の戦力比 | 戦　術 |
| 敵軍１　vs.　自軍10 | 包囲殲滅 |
| 敵軍１　vs.　自軍５ | 短期攻撃 |
| 敵軍１　vs.　自軍２ | 正面と背後の二面攻撃 |
| 敵軍１　vs.　自軍１ | 正攻法で攻めて、奇襲攻撃で勝つ |
| 敵軍２　vs.　自軍１ | 正面決戦を避け、守りを固める |
| 敵軍10　vs.　自軍１ | 退却し決戦をしない |

## 『孫子』のリーダー論

さて、以上のような『孫子』の兵法の戦略と戦術を実践に移すのは軍隊組織です。どのようにして軍隊組織を戦略的にあるいは戦術的に動かす必要があるのか。これについて説いているのが、『孫子』のリーダーシップ論です。

『孫子』によると、戦略と戦術を実行するリーダーは、基本的に臨機応変に状況に対応できる人物でなければなりません。水の流れを止めずにそのフローをマネジメントできなければならない、つまり「将の九変の利に通ずる者は用兵を知る」ということです。

とくに、戦場となる地形に応じて軍隊を動かす必要があり、「地形は兵の助けなり」というのです。しかも、このように臨機応変に対応できるリーダーというのは、『孫子』によると、軍に精神的な気力やエネルギーを与えて、水を下の方に流すような「勢い」を与えるものだとも言います。

また、リーダーは兵士を自分の手足を動かすように統率する必要があるとしています。さらに、大勢の兵士に対して、リーダーはあたかも少数の兵士を管理するかのように統率する必要があるとも説いています。つまり、「衆を治むること寡《か》を治むるがごとし」ということです。

しかし、兵士個々人の勇気に頼ってはならず、あくまでも集団の勢いや全体の力で攻めることが重要であるとしています。つまり、「よく戦う者はこれを勢に求める」ということです。

そして、リーダーには、以下の5つの危険がいつも伴っているとします。「必死は殺され、必生《ひっしょう》は虜《とりこ》にされ、忿速《ふんそく》は侮《あなど》られ、廉潔《れんけつ》は辱《はずかし》められ、愛民は煩《わずら》わさる」。つまり、

① 思慮が足りなくて決死の勇気だけで戦うようなリーダーは殺される。
② 勇気がなく生き延びようとするリーダーは捕虜にされる。

③　短気なリーダーは侮られて計略に引っかかる。
④　清廉潔白なリーダーはわなに陥る。
⑤　兵士を厚くいたわるリーダーは兵士の世話で苦労する。

ということです。

軍隊をダメにするリーダーというのは、これら5つのいずれかだとしています。戦《いく》さ上手なリーダーは自分を知り、相手を知り、地形を知っているので、戦いに迷いがありません。「兵を知る者は動きて迷わず、挙げて窮《きゅう》せず」。そして、リーダーに威厳《いげん》がなければ、敗北に導かれることになるとも言っています。

**『孫子』の管理論**

では、このようなリーダーは、戦略と戦術を実行するために、どのように兵士を管理する必要があるのでしょうか。『孫子』の兵法では、兵士が十分になついていないのに、罰則だけを機械的に適用すると、兵士は信服しないし、ついてこないと説いています。

また、兵士を自分の子供のように大切に扱えば、兵士は喜んで生死をともにしてくれるとも言っています。しかし、注意しなければならないのは、温情だけでは兵士は動かないということです。やはり、軍紀をしっかりと守らせることが重要で、組織内で軍紀がしっかり守られていれば、兵士は喜んで命令に従ってくれると述べています。

さらに、人間には生存本能があるので、相手を殺さなければ自分が殺されるといった究極の状況や、あるいは絶体絶命という状況に兵士を追い込めば、兵士は自然に一致団結して必死に戦うものだと説いています。そして、こうした状況に兵士を追い込むことこそがリーダーの役割だというのです。つまり、『孫子』の言葉で言えば、「三軍の衆を集めてこれを険に投ずるは、これ軍に将たるの事と謂《い》うなり」というのです。

最後に、『孫子』では、敵を包囲したらむやみやたらに敵を絶滅させるような攻撃をしてはならないとしています。むしろ、敵に逃げ道をつくってやり、決してその後を追ってはならないと説いているのです。というのも、窮地に追い込んだ敵ほど怖いものはないからです。そのような状況に陥った敵の気力というものは非常に強いので、思わぬ力を発揮する可能性があります。それゆえ、このような状況に置かれている軍隊をいたずらに攻撃してはならないのです。『孫子』の言葉で言えば、「囲師《いし》には必ず闕《か》き、窮寇《きゅうこう》には迫ることなかれ」ということです。

図表3

| 『孫子』の経営管理論 | |
|---|---|
| リーダー論 | リーダーは、硬直的で型にハマった考え方をするのではなく、水のようにその状況に対応して臨機応変に柔軟に対応できる人物でなければならない。つまり、流れ、フローをマネジメントできる人。 |
| 管理論 | 兵士を機械の部品のように規律に従って画一的に管理するのではなく、規律を重視しながらも愛情をもって普段から接していれば、兵士は戦場で臨機応変に戦ってくれる。特に、兵士たちを絶体絶命の状況に置いたときには予想もしない力を発揮してくれる。 |

### 新しい実在論と新しい戦略論

このように、精神、気力、観念、ルール（軍紀）は、目で見ることや手で触れることができなくても、『孫子』の兵法ではその重要性がしっかりと触れられています。

そして、これと同じことを、全く異なる分野で明快に主張してみせたのが科学哲学者であるカール・ライムント・ポパーです。

彼は、科学的知識の発見の方法やその論理的構造を研究する過程で、われわれ人間の知性によって把握されうる知識内容や理論内容の世界もまた、物理的世界と同様にそれ自体自律して実在していることを発見したのです。

そして、彼はわれわれ人間をとりまく物理的世界を「世界1」、心理的世界を「世界2」、そして人間の知性によって把握されうる知性的世界を「世界3」と呼びました。しかも、このような知性的世界は誰もがアクセスできるという意味で客観的世界であると主張しました。

ここで再び太平洋戦争に話を戻すと、このような多元論的世界観からすると、当時米軍は物理的・肉体的世界での資源が非常に豊かだったので、それに基づいて戦略を展開して戦ったのだと言えます。これに対して、日本軍はこれらの資源が非常に乏《とぼ》しい国でした。しかし、一方で知性的世界の資源である精神や観念などの実在性は非常に強いものでした。したがって、それにもとづいて戦略を展開したのだと思います。それは決して空虚な戦略ではなく、当時の日本軍にとって豊かだった知性的世界の資源を徹底的に活用しようとした究極の戦略だったとも言えるのです。

このような多元的世界観に立ったとき、太平洋戦争における日本軍の戦略行動は必ずしも空虚なものではなかったと言えます。では、何が問題だったのでしょうか。それは、このような3つの世界の実在性とそれらの相互作用の関係を無視し、一元論的な精神主義に陥って戦略を展開していったことで、「戦略の不条理」に陥った点にあるのです。つまり、日本軍は知性的世界の絶対性にこだわりすぎたために、その戦略を批判的に発展させることができず、物理的世界の実在性を無視して、それゆえ物理的世界での兵器の進歩に適応できなかったことから、最終的に淘汰されてしまったのです。まさに、１つの世界における合理性だけを追求して別の世界の変化に適応できずに淘汰されてしまうという「戦略の不条理」に陥ったのです。

他方、米軍も物質的世界の豊かさに頼りすぎて、心理的世界と知性的世界の実在性を無視した戦略を展開していたと言っていいと思います。つまり、米軍は物理的一元論にもとづいて戦っていたのです。心理的世界と知性的世界の実在性を無視して、物質的優位性にもとづいて戦ったために、硫黄島戦や沖縄戦では多くの兵士たちが精神を病むことになりました。特に、沖縄戦で上陸した米兵約18万人のうち、１万４７００人が戦闘中何らかの原因で精神の病を患《わずら》っていたことが、米国立公文書館に保管されていた文書から明らかになっています。これもまた「戦略の不条理」なのです。

では、「戦略の不条理」に陥らないようにするにはどうすればよいか。それには、３つの実在する世界を前提とする新しい立体的な戦略思想が必要になってきます。この立体的な戦略こそが、「戦略の不条理」に陥らずに生き残るために必要な戦略であることを、これから説明してみたいと思います。

# 第2章　「戦略の不条理」発生のメカニズム

## （1） 戦略研究とは

### **戦略の定義**

今日、「戦略」という言葉は様々な分野において様々なかたちで使用されています。とくに最近では、その意味を明確に定義することなく、単なる流行語のように使っている人が意外に多いものです。

いろいろな本を注意深く読み込むと分かるのですが、「戦略」とは、生物学あるいは進化論に通じる「生存のための方法」であり、「生き残りのための知恵」あるいは「生存のためのアート（技法）」だと思います。

もちろん、完璧な真の定義などというものはありません。それは、あくまで約束事にすぎないわけです。そこで本書では、「戦略」という用語を「生き残りのための方法」という意味で一貫して使用したいと思います。

## 戦略研究と偶然

ところで今日、軍事に限らずビジネスの世界や経営学の世界において、戦略論の名のもとにいったい何が研究されているのでしょうか。一般的には、ビジネスにおける成功や目標達成、勝利などに至るためのプロセスを研究することが、戦略論とされることが多いと思います。

しかし、私はこのような戦略論イコール勝利へのプロセス研究とすることには疑問を持っています。というのも、そもそもある目標を達成できるかどうか、あるビジネスに成功できるかどうかも分からないのに、どうしてその最適プロセスを研究できるのかが理解しがたいからです。結果がどうなるのか分からないのに、そのプロセスを研究するというのはまったく奇妙なことです。

結果というものはある程度、偶然に支配されます。それを明らかにしたのは、19世紀イギリスの自然科学者、チャールズ・ダーウィンです。日に向かって伸びてゆくアサガオを見て、みなさんはどう思うでしょうか。アサガオには意志があり、選択と集中の原理に従って日の当たる部分を選択して、そこに養分を集中させているから日に向かって伸びていく――そう考えたのは、18世紀から19世紀にかけてのフランスの博物学者ジャン・バティスト・ラマルクでした。

しかし、ダーウィンの解釈はこれとは異なるものでした。彼は、アサガオには意志はなく、たまたま日に当たっている部分が伸び、たまたま日に当たらない部分が萎《しお》れているにすぎないと解釈しました。つまり、どの部分が生長し、どの部分が萎れるかはアサガオが決定しているのではなく、環境が決定しているのであり、それは偶然にすぎないというのです。これが今日、支配的な進化論による見解です。

同様に、あるビジネスに成功するかどうか、ある目標が達成できるかどうか、ある戦いに勝てるかどうかは最終的に社会システムや社会環境や自然環境によって決定されるのであって、われわれ自身が決定できるわけではありません。つまり、いくらわれわれがビジネスに成功したくても、それを決定するのはわれわれ自身の意志ではなく、最終的に社会システムによって決定されてしまうということです。そこには、偶然や運が大きく関係しているのです。

## 戦略と世界観

では、われわれは何もしなくてもいいのかというと、そうではありません。何もしなければ、運をつかむことも引き寄せることもできないからです。また、ただひたすら誠実にがんばるとか、がむしゃらに突き進むというのも意味がありません。それでは、簡単に淘汰されてしまうからです。

何よりも、イマヌエル・カントが言うように、不完全な人間としてできることを行う努力が必要なのです。その結果、失敗したり、淘汰されたりするのは仕方のないことでしょう。

では、不完全な人間が生き残るためには、どのような努力をすればいいのでしょうか。まず、われわれはいまどのような世界の中で生きているのかという、われわれを取り巻く世界に関する深い洞察が必要だと思います。つまり、自らの世界観が非常に重要になってくるのです。そして、自分を取り巻く世界に対して、絶えず適応する努力が必要になるのです。

世界がいまどのように変化してきているのか。これを知るために、世界の動きに最も敏感な経営学の動向を通して、われわれがいま多元的な世界に生きていることを説明してみたいと思います。

## (2) 経営の世界から見える世界の変化

### 物理的世界と経営学

経営学は、19世紀末から20世紀初頭に米国で登場してきた比較的新しい学問です。およそ

100年間にわたるその歴史を振り返ると、背後に流れている世界観は大きく変化を遂げていることが分かります。

経営学が米国で生まれたばかりの頃は、物理的・肉体的世界観を前提とする一元論的なマネジメント論が主流でした。労働者の実際の行動からちょっとした無駄を取り除くだけで、生産性が著《いちじる》しく上昇することが分かったからです。

たとえば、フレデリック・ウィンスロー・テーラーにはじまる古典的な科学的管理法では、人間を物理的な存在（機械の部品）とみなし、いかにして労働者を機械の部品のように組織的かつ効率的に働かせることができるか、どれだけ多くの製品を少ない時間で効率的につくりだせるかといったことをマネジメントの中心的問題として扱い、徹底的に無駄を排除しようとしました。

また、ギルブレイス夫妻は、工学的観点から人間の行動を徹底的に分析し、その組み合わせによって人間のあらゆる動作を説明できるいくつかの基本的な動作パターンを抽出しました。

こうした研究成果は、いまでは古くて色あせた研究のように思えますが、その成果はロボット工学へと応用され、いまでも生きています。

## 心理的世界と経営学

しかし、ゼネラル・エレクトリック（ＧＥ）の依頼により、ウェスタン・エレクトリック（ＷＥ）のホーソン工場で１９２４年から数年にわたって行われた実験以後、われわれをとりまく世界は物理的世界だけではないことが分かってきました。すなわち、物理的世界とは独立した、人間の心理的世界の存在についても明らかになったのです。

当時、ＧＥは、創業者の一人トーマス・エジソンが発明した電球の販売促進のために、作業場をランプに代えて電球で照らすと労働者の生産性が急速に上昇するという実験データを欲しがっていました。

自社の実験では信憑《しんぴょう》性がないと考えたＧＥは、ＷＥのホーソン工場にその実験を依頼しました。すると、実験は予想外の結果となりました。ホーソン工場の工員たちは、照明の明るさとは無関係に、被験者として「注目されている」「選ばれている」という意識をむき出しにして働いたのです。

こうして、人間は私的領域と公的領域とを分離できず、家庭のようなプライベート空間で抱く感情（センチメント）を、職場にも持ち込んでしまうことが明らかにされました。つまり、物理的世界とともに人間の心理的世界も併存していることがわかったのです。

そして、人間の心理状態をマネジメントしないと人間は効率的に働かないし、また人間の心理をくすぐるような商品をつくらないと商品は売れないことが分かってきたのです。

## 知性的世界と現代ビジネス

ところが、近年、インターネットが普及すると、物理的世界や心理的世界とは別に、知識、理論、ブランド、権利などの無形の実在世界が存在することが分かってきました。そして、今日、そのような世界が非常に重要なビジネスの対象として浮かび上がり、その存在感を増しています。

いまや、二酸化炭素（$CO_2$）の排出権をはじめとして、ビジネス・モデルや経営コンサルタントが提供する経営に関する様々なノウハウなどが商品として自由に取引される時代です。債券や証券のみならず、買うか買わないかを決定する選択権つまりオプションや、著作権も商品として自由に売買されています。物理的なモノとしての製品こそが重要であり、より安くより優れたモノさえつくれば売れるという一元的世界観を前提としたマネジメントの時代は、もはや完全に終わったのです。

このような多元的な世界では、たとえ性能が非常に良い製品を誠実につくりあげたとしても、買い手がその性能を十分理解できなければ、うまく使いこなすことはできません。たとえば、パソコンがもつ能力や機能をどれだけ完全に使いこなしている人がいるでしょうか。ほとんどのユーザーは、能力や機能のほんの一部しか使っていないでしょう。それゆえ、どれだけ優れた能力や機能を持つパソコンをつくったとしても、それだけでは売れないわけです。

では、どのようにして人々は製品を購入しているのでしょうか。おそらく製品に付随しているブランド・イメージ、デザイン、スマートさといった無形なものに惹《ひ》かれて購入しているのではないでしょうか。

その無形のものとは、たとえばピカソの絵にも存在している何かです。もちろん、ピカソの絵はキャンバスと絵具という物理的な物質から構成されています。しかし、彼の絵にはそれ以上の無形の何かが付随していて、多くの人々はそれに高い価値を与えているのです。もちろん、それはわれわれの心理的な世界の実在ではありません。そこには、物理的世界や心理的世界を超えた何かが存在しているのだと考えるべきなのです。

このような世界を、科学哲学者であるポパーは「世界3」と呼びました。今日、インターネットの普及とともに、その世界に多くの人々が高い価値を見出し、そこにビジネス・チャンスを見出そうとしているのです。

### (3) ポパーの多元的世界観

**物理的世界と知性的世界との違い**

さて、以上のような経営学やビジネスの歴史の背後に流れる世界観の変化は、科学哲学者カール・ライムント・ポパーの多元的世界観によってより明確に説明することができます。

ポパーは、20世紀初頭のウィーンで、科学的知識の発見に至る真なる論理的プロセスの研究をしていました。最近はやりのイノベーションに至るプロセス研究のようなものです。そして、最終的に科学的知識の発見に至る真なる論理的プロセスは存在しないと主張し、新しい世界観にたどり着きました。

当時、科学的知識の発見に至る論理的プロセスとして注目されていたのは、以下の2つのプロセスでした。

① 帰納主義：物理的世界に対して、人間の五感で感じられる感覚データをたくさん集

めることによって、普遍的な科学的知識に至るプロセスが存在するという考え方。たとえば、たくさんの黒いカラスを観察することによって、「すべてのカラスは黒い」という真なる普遍的な命題を得ることができるとする立場。

②心理主義：心理的世界において科学的知識発見に至る心理的プロセスが存在し、それを分析すれば、科学的知識の発見に至る真の心理的プロセスを知ることができるという考え方。たとえば、アルバート・アインシュタインの心理的プロセスを分析していけば、相対性理論を導く真の心理的プロセスが解明できるとする立場。

これらの意見に対して、ポパーはいずれのプロセスにも真なる発見の論理は存在しないと主張しました。そこには、必ず偶然、論理の飛躍、創造的直観などの非合理的要素が介在するというのです。

たとえば、「すべてのカラスは黒い」という非常に簡単な普遍言明（時空間に制限のない言明）ですら、われわれは観察から論理的に導くことはできません。この普遍言明を観察から論理的に導くためには、あらゆる場所に存在している、しかもあらゆる時間に存在している無数のカラスをすべて観察する必要があるのです。しかし、人間は有限の観察能力しか持ち合わせていません。そのため、有限のカラスの数しか観察できないのです。この有限の観察から、「すべてのカラスは黒い」という普遍言明を導き出すためには、「論理の飛躍」あるいは「創造的直観」が必要となるのです。

このように、観察から科学的普遍言明に至るプロセスにおいて機能するような、真なる科学的発見の論理は存在しないのです。そして、このことはまた物理的世界と理論内容の世界が必ずしも一致しないことを意味しています。つまり、理論は常に間違っている可能性があるというわけです。

### 心理的世界と知性的世界との違い

同様に、われわれは相対性理論の発見に至るアインシュタインの心理的プロセス（心理的世界）をどれだけ厳密に分析し理解できたとしても、相対性理論の内容（知性的世界）それ自体を理解することはできません。また、アインシュタイン自身、まさか自分が生み出した理論の内容の中に原子爆弾の製造を可能にする内容が含まれているとはいささかも思っていませんでした。つまり、心理的プロセスの世界と理論内容の世界は異なっているのです。

たしかに、理論は、人間の心理的世界から生み出されます。しかし、理論がいったん言語で表現され、広く一般に公表されてしまうと、それはもはや主観的で個人的なものではなくなるのです。公表された理論は誰の所有物でもなく、みんなが自由にアクセスでき、知性のある誰もがアプローチできるという意味で、理論は客観的世界に存在しているわけです。たとえば数で言うと、誰かが自然数を発見してそれを順次どこまでも続けていく方法を発明し、その後別の人物によって素数の存在や平方根の存在が発見されたのです。

理論というのは、誰が発見するのかということは重要ではなく、いつか発見されるべきものとして、自律的に存在していると考えられるべきです。公表された知識や理論は、発見者の主観的な心理的世界から完全に独立しており、それはそれ自体で客観的世界の住民として実在し、理論をつくった人物の死後もなお存在し続けることになるわけです。

**ポパーの３つの実在世界**

こうして、科学的発見の論理の研究を進めている過程で、ポパーは以下のように理論内容の世界と物理的世界、そして心理的世界はそれぞれ異なる世界であることに気づきます。

世界は少なくとも三つの存在論的に区別される部分世界から成り立っている。あるいは私はこういおうと思うのだが、そこには三つの世界がある。その第一は、物理的世界つまり物理的状態の世界、第二は心的世界または心的状態の世界、第三は知性によって把握しうるものの世界、または客観的意味における観念の世界である。それは思考の可能的対象の世界である。（ポパー『客観的知識』邦訳176～177ページ）

そして、彼は、以下のように、椅子、机、身体などの目に見える物理的世界あるいは物理的状態の世界を「世界1」、人間の主観の世界あるいは心の状態の世界を「世界2」、さらに知識、情報、権利、価値など五感ではなく、知性によって把握できる世界を「世界3」と呼び、多元的実在論を主張しました。

（物理的世界1）椅子、机、身体などの物理的世界
（心理的世界2）人間の心理、心的状態の世界
（知性的世界3）知識、理論内容、権利、情報などの人間の知性で把握できる世界

ポパーによると、物理的世界によって心理的世界を完全には説明することはできません。

また、心理的世界によって知性的世界を完全に説明することもできません。これら3つの世界は、相互に独立し、自律しているのです。

ポパーは、ベートーヴェンとワーグナーの音楽は心理的世界の音楽だと言います。というのも、両者の音楽は人間の心的状態や感情を描写するような音楽であり、それは発見されたのではなく、あくまで発明されたのだと言います。とくに、ワーグナーの音楽は人間の心や気分を高揚させることから、第二次大戦中には兵士の戦闘意欲を高めるために、ヒトラーによって利用されたと言われています。

これに対して、バッハやモーツァルトの音楽は知性的世界の音楽だと言います。というのも、両者の音楽は、誰がいつどのような心境で奏《かな》でようと、それほど大きく変わらないからです。その音楽は人間の感情から独立しており、人間が発明したというよりも、むしろ理論のようにもともと存在しており、それを人間が発見したと言うのです。

これと同じ考えに立って、文学・音楽・芸術を評論していたのが、日本の文芸評論家小林秀雄です。彼は、モーツァルトの生活や生い立ちをいくら詳しく研究しても、モーツァルトの音楽それ自体を理解することはできないといいました。逆に、モーツァルトの音楽それ自体から、モーツァルトという人間が分かるのだというのです。小林秀雄は、モーツァルトの

図表1

| | 物理的世界 | 心理的世界 | 知性的世界 |
|---|---|---|---|
| 例 | 物質 | 人間の心的状態 | 一般的知識･技術的知識 |
| | 物体 | 感情 | 理論内容 |
| | 物理的状態 | 欲望 | 取引コスト |
| | 人間の身体 | 心理プロセス | 問題、批判的議論 |
| | 紙としての本 | 理論発見に至る心理状態 | 価値、芸術的価値 |
| | 絵具と布としての絵画 | 本を読んでいる心の状態 | 本の内容 |
| | 貨幣の増減 | ベートーヴェンの音楽 | 観念、概念 |
| | 物理的資産の増減 | ワーグナーの音楽 | バッハやモーツァルトの音楽 |
| | | 予想外の利益と損失 | 取引コストの増減 |

明るい音楽の背後には何か悲しいメロディが流れており、明るい性格だったといわれていたモーツァルトにも実は深い悲しみがあったのではないかと推測しています。

同様に、トルストイが恐妻家《きょうさいか》だったとか、ドストエスキーの生活は荒れていたとか、彼らの実生活を綿密に研究しても、それによって彼らの作品の内容を深く理解することはできません。小林秀雄は、そんなことは彼らの作品の内容とは関係のないことだとさえ言っています。

これまでの話をまとめますと、知性によって把握できる知性的世界が、物理的世界や心理的世界とは独立して実在していると主張したのが、20世紀最大の科学哲学者の1人であるポパーなのです。

## 3つの世界の相互作用

さて、ポパーによると、物理的世界、心理的世界、知性的世界の3つの世界は、以下のようにそれぞれ相互作用していると主張します。

三つの世界は、最初の二つの世界が相互作用でき、最後の二つの世界が相互作用できるように関係づけられている。それゆえ、第二世界、主観的または個人的経験の世界は、他の二つの世界のそれぞれと相互作用する。第一世界と第三世界とは、第二世界つまり主観的または個人的経験の世界の仲介がなければ相互作用できない。(ポパー著『客観的知識』邦訳177ページ)

たとえば、「爆弾の作り方」という知性的世界に存在する知識は、インターネット上で公開され、それが人間の心理的世界を通して理解された後に物理的存在としての爆弾となって、物理的世界の実在を破壊することになります。

また、書物はそれ自体紙からなる物理的世界の存在ですが、その内容は知性的世界の存在であり、われわれ人間の心理的世界を通して、その内容は理解されることになります。

これらのうち、知性的世界から心理的世界への作用はとくに重要なものです。われわれ人間の心理や自我は、この知性的世界なくして存在できません。人間の心は、知性的世界と結びついており、人間の合理性や自己反省的思考は、知性的世界と人間の心理的世界との相互作用の結果なのです。

そして、アウトプットとして人間が生み出す製品や芸術作品は、すべて人間の心理的世界と知性的世界の相互作用の所産なのです。さらに、人間の知的成長は、この知性的世界と心理的世界の相互作用に依存しているわけです。

**批判と自己超越**

こうしたポパーの多元的世界観に従うと、天賦《てんぷ》の才能やパーソナリティが人間の行動をすべて決定することはありません。つまり、先天的な能力や才能が人間の生み出す物や作品の良し悪しを決定するわけではないということです。

アウトプットの良し悪しは、人間の心理的世界から知性的世界への働きかけと知性的世界

図表２　多元的実在世界のイメージ

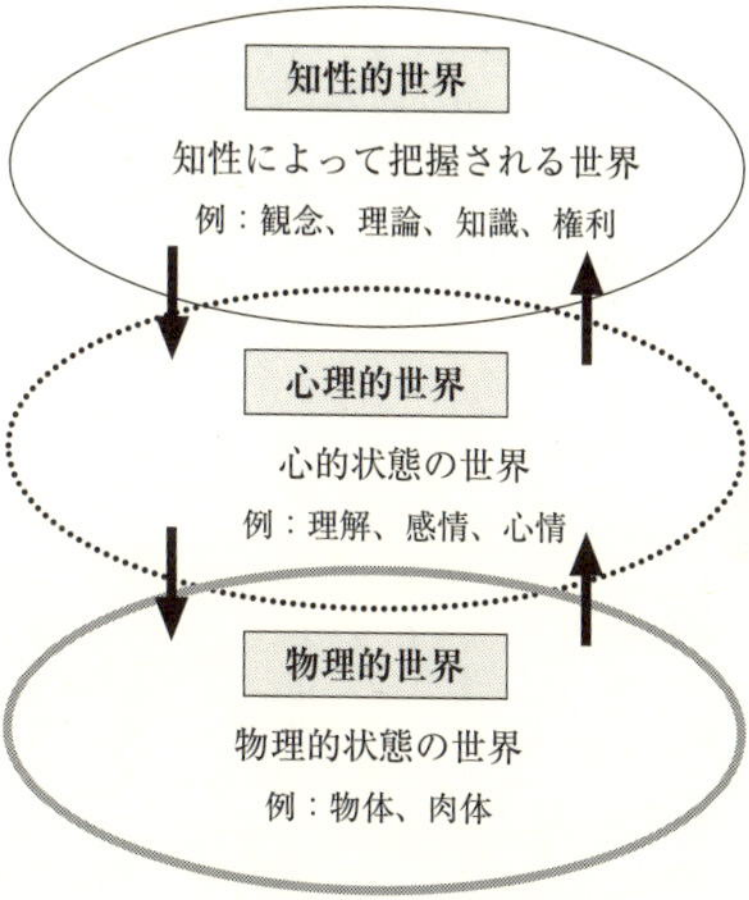


が人間の心理へもたらすフィードバック、そして人間による自己反省にすべてかかっているのです。

このような相互作用や自己反省によって、われわれは自分の先験的に備わった才能や能力を超越することができる可能性があるのです。逆に言えば、いくら才能を持っていても、この相互運動を心がけていなければ、自分の才能を生かすことはできないわけです。これは、能力のある人々が集まっている組織についても当てはまります。

われわれ人間は、自分の成果を客観的かつ批判的に検討しようとする試みによって自己を超越できるのです。常に、自己を客観的視点から批判的に点検する努力と、それによって自らが生み出すパフォーマンスをより良くしようとする姿勢が人間の成長には不可欠なのです。

人間は知性的世界と相互作用することによって心理的世界を成長させることができ、それによって自我がつくられます。2つの世界の間の批判的な相互作用の関係が密であるほど、知性的世界における矛盾や問題が発見されやすく、そしてまたそれを克服しようとする機会も増えることになります。こうして、人間は成長する可能性が高まることになるわけです。

以上のような物理的世界、心理的世界、知性的世界からなるポパーの多元論的な実在論は、図表2のように表すことができると思います。そして、このような多元論的実在論にもとづいて、物理的世界のみならず、われわれの心理的世界、そして知識などの人間の知性によって把握されうる知性的世界が並存していることを十分理解する必要があります。とくに現代では、これら3つの世界の実在性を前提とし、組織がどのようにして戦略的にアプローチを展開していくのかということが、非常に重要な課題になると思われます。これを無視するものは、これら3つの世界で変化が起こったとき、淘汰の危機に晒されることになるのです。

図表３　３つの世界の相互作用

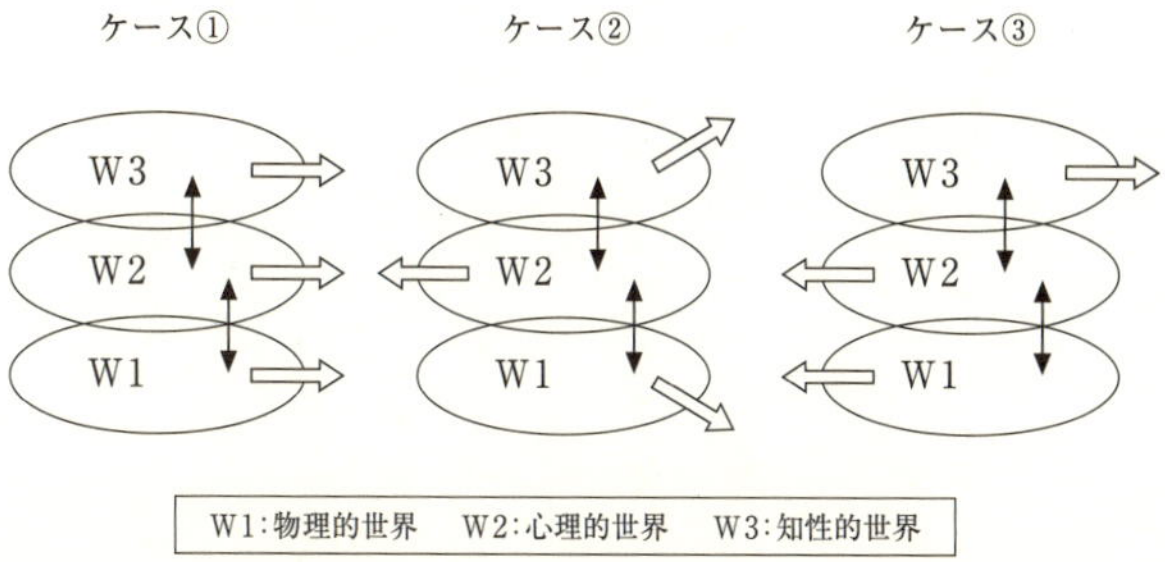


## （４）多元的世界と「戦略の不条理」

### 「戦略の不条理とは」

さて、以上のようなポパーの多元的世界観に立って組織を考えると、物理的世界、心理的世界、知性的世界の３つの世界の相互作用の関係は、以下のように場合分けすることができます。

①　３つの世界が相互作用しながら相互に同じ方向に変化する場合

②　３つの世界が相互に独立して全く異なる方向に変化する場合

③　２つの世界は相互作用しながら同じ方向に変化するが、１つの世界だけは独立して別の方向に変化する

場合

ここで、物理的世界のみの一元論にもとづく戦略に従って組織が行動することを考えてみましょう。この組織は図表3のケース①のように3つの世界が同じ方向に変化するという場合にはその変化に対応できますが、ケース②と③のように3つの世界が必ずしも同じ方向に変化しない場合には、この組織は物理的世界では合理的に行動しているにもかかわらず、他の世界の変化には対応できず、合理的に淘汰されることになります。このように、1つの世界では合理的に適合的行動をしていても、別の世界ではその行動が不適合な行動となり、結果的に淘汰されてしまう現象のことを「戦略の不条理」と呼びたいと思います。

同様に、もし物理的世界と心理的世界といった二元論にもとづく戦略に従って組織が行動していても、ケース②のように3つの世界がバラバラに変化する場合や、ケース③のように、たとえば知性的世界の1つの世界だけが別の方向に変化する場合には、同じく「戦略の不条理」に陥る可能性は高いと言えます。

したがって、どのような変化が起こってもある程度対応することができ、それゆえ戦略の不条理に陥ることなく生き残るためには、組織は常に3つの世界に対応した戦略を展開していくことが重要になるのです。このような多元的実在論にもとづくという意味で「立体的」とも形容できる戦略のことを、本書では「キュービック・グランド・ストラテジー（立体的大戦略）」と呼ぶことにします。

そして、このような立体的戦略こそが、現代のような不条理に満ちた多元社会で生き残る組織にとって必要なのです。ここでは、ひとまずこの「キュービック・グランド・ストラテジー」と呼びうる考え方の簡単なイメージだけを紹介し、以下の各章で展開される議論の概略について簡単にお話しししておきたいと思います。

## 物理的世界と直接アプローチ戦略

さて、世界でもっとも存在感があるのは物理的・肉体的世界であり、それゆえ物理的・肉体的世界と関係しないどんなものも存在感がないというのが物理的世界一元論の考えです。このような世界観にもとづいて、軍事戦略論を展開していたのが、有名なカール・フォン・クラウゼヴィッツです。

もちろん、彼は人間の心理的世界については十分認識していました。しかし、それは単なる現象であって本質ではないと思っていたのです。それゆえ、彼は物理的・肉体的世界を徹底的に攻撃さえすれば、人間の心などはすぐに折れてしまい、敵の意志を左右できると思っていました。このような世界観が、彼の戦略論の独自性の1つなのです。そして、この点でクラウゼヴィッツの戦略論は、今日の経済学や経営学上で展開されている様々な経営戦略論と共通しています。

新古典派経済学を私企業の観点から捉え直して経営戦略へと発展させたのがマイケル・E・ポーターです。彼の競争戦略は、競争の圧力が弱い業界を見出し、そこでどこよりも安く生産して価格で勝負するか、あるいは他社の製品にはない特徴を持った製品として差別化できるならば、それが企業を競争優位な立場（ポジション）に置くことになり、消費者の心をつかむことができるという議論です。それは、目に見えるかたちで戦って生き残ろうとする戦略であり、最終的には力と力の戦いに持ち込む戦略論です。

同様に、バーガー・ワーナーフェルト、ジェイ・B・バーニーたちが主張し、今日、資源ベース理論と呼ばれているものもその本質は同じです。つまり、価格戦略か差別化戦略かに関する議論というわけです。そして問題は、こうした戦略的行動を決定するのは、ポーターが言うように業界の競争状況ではなく、むしろ企業に固有の資源だと言うのです。すなわち企業が保有している独自の資源が企業の戦略的行動を決定するのであって、環境が戦略的行動を決定するのではないというわけです。

さらに、近年、Ｗ・チャン・キムとレネ・モボルニュによって展開されたブルー・オーシャン戦略もその本質は同じです。既存の製品であっても戦略的な企業努力によって、一方で不要なものを減らしたり削除したりすることで低コストを実現し、他方で新しい価値を生みだしたり付加したりすることで差別化できるならば、競争のない〝青い海〟が広がるというわけです。

以上のように、これらいずれの議論も最終的には価格か差別化かの戦いになることを覚悟する戦略論であり、基本的に目に見える物理的世界を前提とする議論にすぎないのです。

しかし、そのような物理的世界における一元的な直接的アプローチ戦略で製品をつくっても、人々は依然としてその製品を購入しない可能性があります。つまり、一元的な世界観にもとづく力による戦略だけでは、たとえある製品が他社の製品よりも安く優れていたとしても、製品が売れる保証はまったくないのです。

なぜか。人間は物理的世界だけで生きているわけではないからです。われわれ人間は心理的世界の中でも生きているからです。このことを無視して、目に見える物理的世界だけを想定し、戦略的に行動する組織は心理的世界との間に不適合を起こし、淘汰の危機に晒されることになります。つまり、戦略の不条理に陥ることになるわけです。

## 心理的世界と間接アプローチ戦略

さて、戦略の不条理を回避するためには、物理的・肉体的世界とは独立して心理的世界もまた存在するという二元論的な世界観に立つ必要があります。

このような二元論的世界観に立って新しい軍事戦略論を展開したのは、英国の軍事戦略家バジル・ヘンリー・リデル・ハートでした。彼は、どれだけ激しく物理的・肉体的世界を攻撃しても人間の心まで支配することはできず、むしろ、復讐心を煽《あお》るだけだと考えました。それゆえ、物理的世界への攻撃だけではなく、人間の心理的世界へのアプローチも必要だと考えたのです。しかも、場合によっては心理的世界への攻撃だけで戦いを終わらせることもできると主張しました。むしろ、そちらの方がはるかに優れた戦い方だと公言しました。

リデル・ハートと同じ二元的な世界観に立って、今日、経済・経営学分野では、新しい研究が進められています。それは、ダニエル・カーネマン、エイモス・トヴェルスキー、リチャード・H・セイラーたちによって展開されている行動経済学あるいは経済心理学と呼ばれているものです。

この研究では、人間は物理的世界の住民であるとともに心理的世界の住民でもあるから、この心理的世界の実在性を前提とするような間接的アプローチ戦略を展開しなければ、人々は物理的世界の中で衝撃を受けたとしても動こうとはしないということが明らかにされています。

しかし、カール・ライムント・ポパーが主張したように、今日、物理的世界や心理的世界とは別にもう1つの世界が存在し、その存在感はますます大きくなっています。何度もくり返しますが、それは、人間の五感ではなく、人間の知性によって把握されうる世界であり、その意味で知性的世界と呼びうる世界です。それゆえ、二元論にもとづくリデル・ハートの戦略論では限界があります。知性的世界の動きに対応できず、「戦略の不条理」に陥ってしまう可能性があるからです。

**知性的世界と間接アプローチ戦略**

軍事の世界において、比較的早い時期にこの知性的世界へのアプローチが重要であることに気づいてたのが、第2次世界大戦時のドイツの天才将軍エルヴィン・ロンメルでした。彼は、物理的世界を対象とする戦略や心理的世界を対象とするアプローチのみならず、知性的世界への戦略も忘れてはいませんでした。むしろ、非常に効果的だと考えていたのです。このような多元的な立体的戦略行動によって、ロンメルはアフリカ戦線において兵力の点で常に劣勢であっても戦いに勝ち続けました。その彼の戦略思想を本書でも紹介してみたいと思います。

軍事の世界と同様に、今日、この目には見えない知性的世界が経済行動に大きな影響を与えることが経済学や経営学の分野でも認識されるようになっています。特に、会計上では計測できないのですが、人間の知性によってその存在が認識できる知性的コスト、すなわち「取引コスト」が発見され、それが人間の行動に大きく影響を及ぼすことが明らかになりました。

「取引コスト」の存在に気づいたのは、1991年にノーベル経済学賞を受賞したロナルド・コースであり、その考えを大きく発展させたのが、オリバー・E・ウィリアムソンです。

この「取引コスト」の存在こそが、人々が変化するのを阻止する原因の1つになっているのです。それゆえ、もし他社の製品がすでに市場において支配的な状況で、自社の製品をそこに投入する場合、目に見える製品の性能や価格だけではなく、消費者が買い換えに伴って発生する目に見えない「取引コスト」を節約するような何らかの間接アプローチが必要にな

図表４　キュービック・グランド・ストラテジーのイメージ

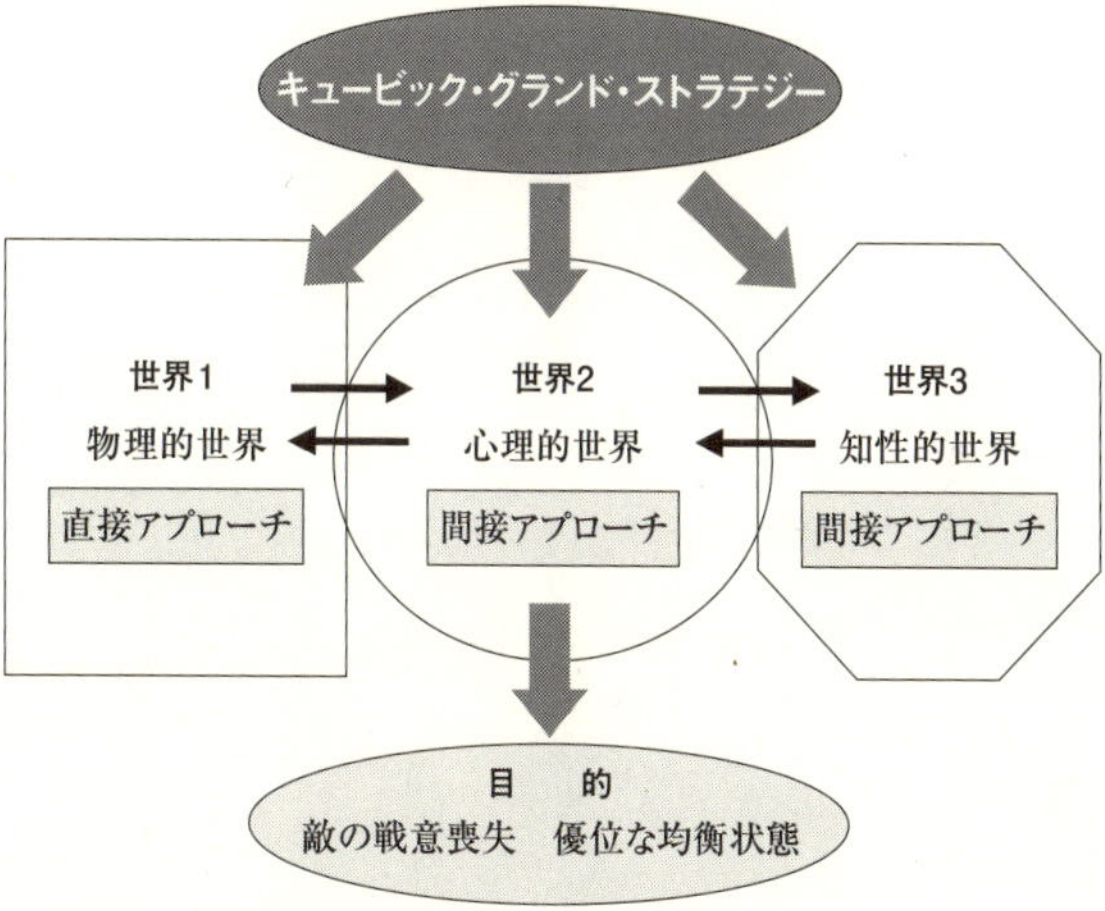


ってくるのです。この「取引コスト」については、後で詳しく説明したいと思います。

**キュービック・グランド・ストラテジー（立体的大戦略）**

以上のように、多元的世界観に立てば、物理的世界で技術的なイノベーションを起こして低価格を実現したり、差別化を図ったりするような直接アプローチ戦略を展開するだけでは、製品が売れる保証はまったくないことが分ります。そのような物理的世界へのアプローチに固執すれば、逆に他の世界と不適合になり、企業は戦略の不条理に陥ることになるのです。

直接アプローチ戦略にくわえて、人間の心

理的世界を対象とする間接アプローチも展開する必要があり、さらに目には見えない知性的世界の実在性を対象とする間接アプローチもまた不可欠だと言えます。それゆえ今日、これら3つのアプローチを立体的に構成する新しい戦略の哲学が必要になってくるのです。

前述のリデル・ハートは、物理的世界と心理的世界の2つの世界の実在性を前提として、直接アプローチと間接アプローチを展開し、それらをまとめるフラットな大戦略を「グランド・ストラテジー」と呼びました。

しかし、本書で展開する戦略思想は、3つの世界の実在性を前提とし、1つの直接アプローチと2種類の間接アプローチを立体的にまとめるものです。そこで、この戦略を「キュービック・グランド・ストラテジー（立体的大戦略）」と呼ぶことにします。

## 戦略のキュビズム

このキュービック・グランド・ストラテジーのイメージは、図表4のようになります。それは、まさに様々な角度から見たものを平面に落としこむピカソのキュビズムの絵にも似ています。この意味で、ここで展開する戦略の哲学は「戦略のキュビズム」とも呼びうる戦略思想なのです。

それは、経験的かつ実証的成果にもとづいて展開される議論ではありません。あくまでも、哲学的な存在論や実在論にもとづいて展開される哲学的議論なのです。

戦略のキュビズムにおいては、知性的世界や心理的世界の実在性を前提として展開される間接アプローチ戦略だけで戦いに勝利し、生き残ることができるならば、それは「ベストの戦い」とみなされます。

もし知性的世界や心理的世界の実在性を前提とする間接アプローチだけではなく、物理的世界の実在性を前提とする直接アプローチ戦略をも展開して勝利し、生き残ることができるならば、それは「ベターな戦い」と呼ばれます。

しかし、物理的世界の実在性だけを前提とした直接アプローチだけに終始する戦いは、非生産的な「愚かな戦い」と言えます。それは一面的な戦いであり、それだけでは生き残る可能性は薄いと思います。したがって、３つの世界を視野に入れる「戦略のキュビズム」こそが、これからの組織に求められる新しい戦略思想となる可能性が高いと思います。

以下、この新しい戦略思想である「戦略のキュビズム」を構成する要素、すなわち物理的世界を対象とする直接アプローチ戦略、心理的世界を対象とする間接アプローチ戦略、知性的世界を対象とする間接アプローチ戦略について、それぞれを各論的に説明し、その後、これらの要素を体系的に構成するキュービック・グランド・ストラテジーの具体的事例を軍事の世界から引き出してみたいと思います。そして最後に、キュービック・グランド・ストラテジーの原理について述べ、それが新しい戦略思想になりうる可能性があることを述べてみたいと思います。

# 第3章　クラウゼヴィッツと物理的世界の戦略論

前章で説明してきたように、われわれ人間が関わっている実在世界は、物理的世界、心理的世界、そして知性的世界の3つに区分することができます。

これら3つの世界のうち、物理的世界の実在性を前提として展開される戦略は、目に見えるかたちで敵を直接攻撃する直接アプローチ戦略となります。われわれ人間は、明らかに物理的世界の住民として生きています。そうである以上、当然、この物理的世界の中で戦っていく必要があります。

私の考えでは、軍事の世界において、物理的世界を対象とする直接アプローチ戦略を、最初に明確に展開してみせたのはカール・フォン・クラウゼヴィッツだと思います。そして今日、経営学で展開されている戦略論的な議論のほとんどが、実はこの物理的世界を対象とする直接アプローチ戦略の一種であると思います。

そのことを理解していただくために、まずクラウゼヴィッツの戦略論の本質について説明してみたいと思います。次に、これと同じ本質をもった現代の経営戦略論について簡単にレヴューしてみたいと思います。そして最後に、物理的世界だけを対象とする戦略では「戦略の不条理」に陥る可能性があることを指摘してみたいと思います。

## （1）クラウゼヴィッツの生涯

ご存じのように、戦略思想の原点は他でもない軍事戦略にあります。とくに、近代軍事戦略論の代表的な書物として、カール・フォン・クラウゼヴィッツの『戦争論』が非常に有名です。

プロイセン軍将校だったクラウゼヴィッツが『戦争論』において展開した戦略思想は、戦闘を前面に押し出すストレートな決戦に根差しており、今日、「強者の戦略論」と呼ばれています。そのため、どこの国の軍隊でも彼の戦略論は人気があり、いまなお戦略論の王道とみなされています。

クラウゼヴィッツ

以下、『戦争論』の中でクラウゼヴィッツが展開した戦略論の本質について説明してみたいと思います。ただし、ここで述べることは彼の戦略論であって、『戦争論』全体の解説ではないという点にご注意ください。

## 若きクラウゼヴィッツ

カール・フォン・クラウゼヴィッツは、1780年7月1日にプロイセン王国のマグデブルク近郊のブルクで生まれました。

クラウゼヴィッツ家は貧乏な貴族でした。当時、プロイセンでは、将校になれるのは貴族のなかでも限られた人々でしたが、彼の父ガブリエルもその一人で、クラウゼヴィッツ家ではじめて軍人として下級将校まで昇りつめた人でした。それは、プロイセンが1756年に始まったオーストリアとの七年戦争で多くの将校を失ったことと、祖母の再婚相手がプロイセンの上級将校であったこととも関係していました。

退役したガブリエルは徴税官吏《ちょうぜいかんり》として勤務し、4人の息子と2人の娘を育てました。その末息子が、カール・フォン・クラウゼヴィッツでした。彼は、1792年に12歳の若さで士官候補生としてポツダムのフェルディナント親王歩兵連隊に入隊しました。本来なら、入隊が許されるのは14歳ないし16歳でしたが、家が貧しかったため、父が軍当局に掛け合って、なんとか入隊できたのです。

クラウゼヴィッツは、中隊の旗手を勤める少年兵となりました。重い軍旗を必死に支える少年兵に、町の人々は暖かくエールを送ったと言われています。まさに、若きクラウゼヴィッツは、プロイセン軍の中で育ったわけです。

そして、２年後の１７９４年に、彼はラインラントのマインツ攻城戦に参加し、少尉に任官しています。当時、所属していた連隊の連隊長の考課表《こうかひょう》によると、クラウゼヴィッツは非常に有能かつ熱心で、しかも頭脳明晰《めいせき》、好奇心旺盛であると評価されています。

そして、１８０１年に21歳になると、ベルリンの士官研修所に入り、当時、副校長として着任していたシャルンホルスト中佐のもとで理論的に軍事学を学ぶことになります。

シャルンホルストは、当時、プロイセン軍を近代化した人物としてすでに名声を得ていました。クラウゼヴィッツは、シャルンホルストを尊敬し、彼の非公式な軍事協会にも入会し、そこで軍事に関する理論的な理解を深めていきました。こうして、シャルンホルストを生涯の師として仰ぐことになりました。

シャルンホルストも、クラウゼヴィッツの優秀さにすぐに気づきました。そこで、１８０3年に、彼をフリードリッヒ2世（大王）の甥にあたるアウグスト親王の副官に推挙しました。クラウゼヴィッツは、6年間にわたって副官としての任務を果たしながら、この時期、さまざまな文献を読破していきました。その過程で、マキャヴェリ、モンテスキュー、そしてヘーゲルの影響を受けて、独自の思考様式を育《はぐく》んだと言われています。そして、このとき、将来の妻となるマリー・フォン・ブリュールとも知り合ったと言われています。

## クラウゼヴィッツの戦争遍歴

さて、その後、クラウゼヴィッツは、1803年に始まるナポレオン戦争に従軍することになります。ナポレオン率いるフランス国民軍は、イエナでプロイセンの旧式国王軍を粉砕《ふんさい》するとともに、アウエルシュテット会戦でもプロイセン軍を完全に撃破し、一気にベルリンを占領してしまいました。

このとき、クラウゼヴィッツはアウエルシュテット会戦に参加しており、敗走する途中でフランス軍に捕らえられ、1806年にアウグスト親王とともにフランス軍の捕虜になってしまいました。そして、この戦いによってプロイセンの国土の半分がフランスに占領され、プロイセン軍もフランス軍の指揮下に置かれることになりました。

当時、フランス軍は捕虜に関して比較的寛容であったため、クラウゼヴィッツは捕虜の身でありながらもフランス語を学んだり、パリを見学したりすることができました。その後、捕虜交換によって彼は釈放され、フランス軍占領下にあったベルリンに帰還することになります。

釈放後、クラウゼヴィッツはしばらくスイスに亡命し、自由主義作家スタール夫人の食客となりました。そこで教育学の大家ペスタロッチに出会い、その学園などを見学したりしていたと言われています。ベルリンに帰還後は、皇太子の軍事学教官に任ぜられ、２年間にわたってプロイセン皇太子に近世軍事史の講義を行いました。

そして、１８１０年12月に、伯爵令嬢マリー・フォン・ブリュールと結婚します。彼女は名門の伯爵令嬢、一方のクラウゼヴィッツは貧しい無名の貴族出身でしたので、この結婚は当時としては異例のものでした。幸いにして、マリーが仕えていたルイーゼ王妃が進歩的な人物であったため、彼女が２人の強い愛情を理解して支援したこととともに、クラウゼヴィッツが皇太子へのご進講の名誉に与《あず》かったことが、マリーの母である伯爵夫人の反対をおさえることになったのです。

## プロイセン軍からの離脱

結婚後、１８１２年に、クラウゼヴィッツはロシア遠征に参加します。そして、このとき、彼はフランスとプロイセンが同盟を結ぶことに強く反対しました。そして、そのことを国王に伝えるために、「建白書」を提出しました。

しかし、この意見は聞き入れられませんでした。そこで、あくまでフランスと戦うために、彼は自国プロイセン軍を脱退し、祖国を捨て他国であるロシア陸軍に参加しました。ただ、彼はロシア語ができなかったので、ロシア軍では要職につくことはできませんでした。

こうした状況で、1812年にナポレオンによるロシア遠征が行われます。このとき、クラウゼヴィッツはロシア軍の一将校として戦いに参加しました。ロシア軍が反撃に転じたとき、バルト海沿岸地域でフランス・プロイセン軍とロシア軍が対峙《たいじ》することになったのです。

このとき、クラウゼヴィッツが参加しているロシア軍と祖国プロイセン軍との間に戦闘が起こる可能性が高まりました。そこで、両軍の衝突を避けるために、彼は両軍の間で停戦を取り決めるタウロッゲン協定の成立に尽力します。彼は、ロシア軍の軍使としてプロイセン軍司令官ヨルク将軍を訪れ、両軍の停戦交渉にあたりました。クラウゼヴィッツの熱心な説得によって、ヨルグ将軍は独断で停戦を決意したのです。

この決断は、結果的にプロイセンにとって非常に有利に働きました。しかし、プロイセン国王一派はクラウゼヴィッツのことを快くは思っていませんでした。ロシア軍の軍服を着て宮中に現れた彼に対して、国王一族は非難囂々《ごうごう》でした。そのため、クラウゼヴィッツは、プロイセン軍への復帰を強く願い出たのですが、なかなか叶いませんでした。その後、クラウゼヴィッツがプロイセン軍に復帰を許されたのは、反ナポレオン解放戦争に参加し、奇襲攻撃によってフランス兵を大量に捕虜にする手柄を立てた後のことです。

復帰した翌年のワーテルローの会戦（1815年）で、クラウゼヴィッツはブリュッツヘル将軍の軍参謀を務めました。さらに、ナポレオンが敗北した後に、コブレンツの軍団長グナイゼナウの参謀長になることができたのです。

## 『戦争論』の執筆

こうした戦歴を経て、1818年にクラウゼヴィッツは少将に昇進し、プロイセン陸軍士官学校校長を拝命することになります。しかし、彼は国王や貴族（王の親族）たちから依然として危険人物扱いを受けていました。そのため、その職は名ばかりのもので、教育にはほとんど関わることができませんでした。

こうして、ここでの在職12年間に、戦争の理論研究と執筆に没頭することになります。このときの学生の中に、プロイセン陸軍の命運を担う未来の将帥ヘルムート・フォン・モルトケがいました。

1830年に、クラウゼヴィッツは校長を辞任すると、ブレスラウ管区の第二砲兵監に任命されました。そして、七月革命に影響されたポーランドで暴動が起こると、再び東方監視軍司令官グナイゼナウの参謀長となりました。しかし、翌1831年、当時蔓延《まんえん》していたコレラにかかってしまいます。こうして、この年の11月16日、ブレスラウの地で51歳の生涯を閉じました。

クラウゼヴィッツの遺した軍事研究は、夫人の手によって整理され、翌1832年に『戦争論』として刊行されました。それゆえ、同書には、彼女の刊行の辞があります。あくまで『戦争論』は、クラウゼヴィッツの手によって推敲《すいこう》されることのなかった未完の書です。それでも、今日に至るまで軍事研究の古典的な地位を占めている不朽の書なのです。

## (2) クラウゼヴィッツの戦略思想

### 基本思想

さて、以上のような経歴を持つ熱血漢クラウゼヴィッツによって書かれた『戦争論』は、実際に戦争で戦った者にしか戦争のことは絶対に分からないという自信とエネルギーに満ち溢れた書物です。机の上で戦争について語ることなど絶対に許さない――そういった強い気持ちを読む者に感じさせます。

ただし、『戦争論』は文字通り、戦争についての研究であって、戦略そのものに関する本ではありません。この点に注意する必要があります。

彼は、戦争というものは、①政治、②暴力、③偶然性という3つの要素からなると考えていました。つまり、①戦争とは政治のための手段として決定され、②暴力をもって憎悪や敵意を持つ相手を徹底的に攻撃するが、③その結果には常に偶然や賭けやリスクが伴うものであるということです。このうち、戦略に関わるクラウゼヴィッツの考えは、②の「暴力」に主として表れています。

クラウゼヴィッツは、戦争の基本単位を一組の決闘と捉え、この決闘の集合が戦争であると考えていました。彼の言葉で言えば、「戦争とは、決闘を拡大したものにほかならない」ということです。このような立場から、彼は、戦争における唯一の戦略的手段、つまり生き残りのための手段が「戦闘」であり、暴力であると規定したわけです。

暴力は非理性的な手段だとか、野蛮人の手段だとされがちですが、結局、人間は暴力に屈し、暴力によって支配されることになる。このことを、彼は戦争経験からいやというほど知っていたのだと思います。

したがって、クラウゼヴィッツは、敵を完全に撃滅し、いっさい抵抗できないようにすることこそが戦いの目的だと考えていました。そして、この目的を達成するために展開される様々な戦闘の運用方策が「戦略」であり、個々の戦闘の具体的な実行法のことを「戦術」だとしたのです。これをクラウゼヴィッツの言葉で言えば、「戦術は、戦闘において戦闘力を使用する仕方を指定し、また戦略は、戦争目的を達成するために戦闘を使用する仕方を指定する」ということになります。

これらの関係を図式化すると、クラウゼヴィッツの戦略思想は図表1のように表されます。戦闘イコール直接的な物理的攻撃という文脈に照らせば、これは「直接アプローチ戦略」(direct approach strategy) と言うことができると思います。そして、そこから、以下に挙げるような強者の戦略思考が導かれることになります。

**戦闘の心得**

① 勝利…戦いでは勝つことがもっとも重要である。たしかに、物理的戦力の損失については大差がない場合が多いかもしれない。あるいは、むしろ勝者のほうの損失が大きい場合があるかもしれない。しかし、敗者が被る最も決定的な損失は退却とともに始まるもの

図表1　クラウゼヴィッツの戦略思想

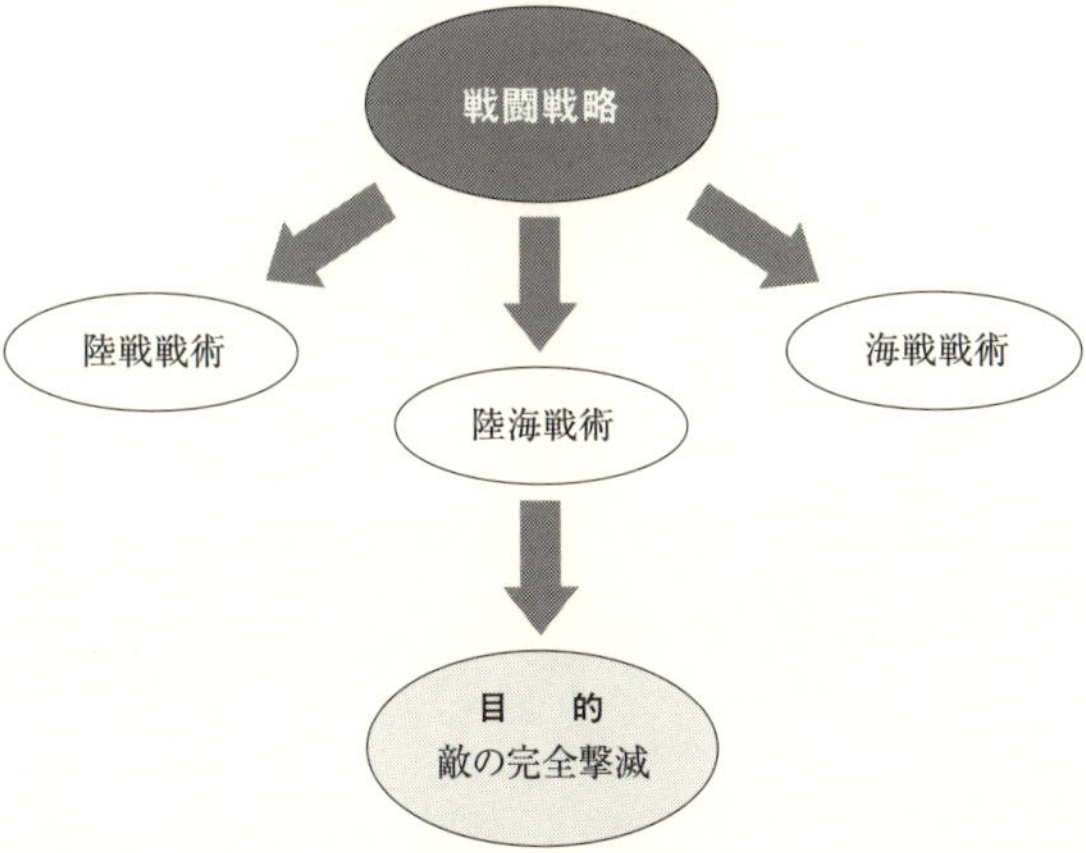


であり、その損失は非常に大きい。したがって、戦争では見えるかたちで勝つことが最も重要である。

②絶対戦争…戦闘は暴力の行使であり、暴力の行使には限界がない。それゆえ、総力戦を覚悟し、必要ならば国民総動員で対処しなければならない。この絶対性を緩和するものは、現実的には政治の存在である。

③反人道主義…戦闘を避け、講和ばかりを求める人道主義者の寝言は最悪である。血を流すことを恐れる者は、血を流すことをいとわぬ者に敗れてしまう。

**戦闘の方法**

④戦闘の目標…戦闘には、攻撃する場合

と攻撃され防御する場合がある。攻撃の場合には敵戦力を撃破し、敵の領土を占領することが目標となる。防御の場合には、敵戦力を撃破し、自国の領土から敵を追い出すことが目標となる。

⑤直接攻撃…戦闘において、指揮官はいたずらに奇策に頼ってはならない。多くの場合、必然的に直接的な攻撃に頼らざるを得ないので、奇策をもてあそぶ余地などはない。万策尽きた場合にのみ、最後に助けとなるのは奇策である。

⑥重点攻撃…敵を撃滅し、目的を達成するためには敵の重点を攻撃する必要がある。重点とは敵の弱点であり、それは敵の軍隊それ自体かもしれないし、敵国の首都かもしれない。あるいはまた、敵国のリーダーであるかもしれない。

⑦兵力集中…戦争は決闘であり、数の優位が勝利にとって決定的に重要となる。それゆえ、決戦においては予備軍を温存することには意味がない。何よりも、敵の主力に兵力を集中させる必要がある。保有する戦力を集中させておくということ以上に重要で単純な戦略上の原則はない。緊急な目的のために派遣する場合以外には、何も主力から分離させてはならない。空間的にも時間的にも戦力を集中する必要がある。

⑧戦力の優越性…戦力が敵よりも優越であることが勝利の基本原則である。しかし、戦

力の絶対的な優越性はありえない。与えられた戦闘地域、戦闘時間、戦力を効果的に利用して敵よりも相対的に優越でなければならない。
⑨ 防御と攻撃…防御は資源の浪費を防ぎ、有利な地形を選択できる。しかし、防御はあくまで相手を弱体化させ、敵を追い出すための一時的な行動でしかない。防御が成功して、相手の戦力が大幅に弱体化した時点で、反撃し、逆襲し、そして攻撃に移行する必要がある。

**戦闘の終結**

⑩ 攻撃の限界点…攻撃側の戦闘能力は、絶対的に永続するものではない。どんな軍隊でも、その攻撃力は時間とともに衰退していくことになる。その衰退は、相手が反撃することで、加速度的となる。この攻撃側の戦闘力の衰退に比例して戦闘の優勢も低下し、やがて「攻撃の限界点」に達する。この攻撃の限界点を見極めることが重要である。これを無視すると、多くの過《あやま》ちが起こる。
⑪ 勝利の限界点…当初の攻撃に成功すると、その攻撃を継続してもっと大きな成果を挙げようとする。しかし、達成可能な境界を超えると、敵の大規模な反撃に出あうことにな

る。勝利には限界点があることを見極めることが重要である。

## クラウゼヴィッツの世界観と人間観

以上に挙げたことのほかに、クラウゼヴィッツの『戦争論』にはいろいろなことが書かれています。ただ、その内容があまりにも難解なために、われわれを迷路に導いてしまいます。記述の一つひとつが、一見してバラバラにさえ思えるのです。もちろん、これは、彼の『戦争論』が未完の大著であるということとも関係しているでしょう。

しかし、そこから見えてくるもので最も重要なのは、クラウゼヴィッツの戦略の基底にある世界観と人間観なのです。彼の難解な議論の背景には、一貫して経験からくる自信に満ちた人間の完全合理性の思想と唯物論的な一元論的世界観が潜んでいるのです。

もちろん、このような解釈は彼の思想の一面を捉えたものにすぎず、決してそう解釈できない文章もたくさんあります。しかし、彼の未完の議論を論理整合的に洗練していけば、そういった世界観に到達することになると思います。むしろ、そこまで洗練しきれていないがために、クラウゼヴィッツの『戦争論』は非常に複雑で難解なものに捉えられる可能性もあるのです。

この点を念頭において、彼の戦略をめぐる議論を大胆に読み込めば、複雑に絡まった糸も解けてきます。彼の経験によると、人間は暴力よって人間を完全に支配することができるということ、換言すると、残念ながら人間は暴力によって屈してしまうこと、それゆえ敵の物理的側面を完全に粉砕してしまえば、敵の心は折れてしまうので、心理的側面もまた完全に支配でき、それゆえこちらの意図どおりに敵を完全に服従させることができるというのです。

クラウゼヴィッツは、そのような光景を実際の戦争において、いやというほど目《ま》のあたりにしてきました。したがって、人間の肉体的・物理的側面を支配してしまえば、人間の心も支配できるという絶対的一元論の世界観が、彼にできてしまったのです。

彼のこの考えは、実践に裏打ちされた自信にもとづいており、戦争を経験したことのない人には絶対に分からないという信念が、『戦争論』にはみなぎっているのです。それは、ある意味、非常に危険で恐るべき考え方です。

しかし、この彼の考え方を、われわれは一概には否定できないと思います。人間は非常に弱い存在ゆえ、どうしても暴力や脅しに屈してしまうことがあるからです。おそらく、多くの人たちが一度はこのような経験をしたことがあるのではないでしょうか。

## （3）物理的世界の経営戦略と「戦略の不条理」

さて、軍事におけるクラウゼヴィッツと同様に、今日、経済学の分野において物理的な世界観にもとづき議論を展開しているのが新古典派経済学です。

### 新古典派経済学

新古典派経済学では、市場を構成する経済主体として、基本的に消費者と企業家が想定されます。そして、いずれの経済主体も、完全に情報を収集・処理できるという完全合理的な人間として仮定されています。

このような完全合理的な能力のもとに、一方で消費者は効用を最大化するために自らの労働力を供給し、財を需要します。他方、企業家は利益を最大化するために、労働力を需要し、財を生産し供給します。そして、このような多数の消費者と企業家によって、多様な市場が形成されることになります。

ここで、市場において需要よりも供給が多ければ価格は下がります。それでもなお能力のある企業は財を生産・供給しますが、能力のない企業は市場から退出せざるを得なくなります。逆に、供給よりも需要が多い場合には価格は上昇します。この場合、能力のない消費者は財を購入できないので市場から退場し、能力のある消費者だけがこの高い価格でもなお購入できるので市場に残ることになります。

このように、市場価格の変化によって、能力のある人々は市場取引に参入できる一方で、能力のない人々は市場から退出させられるわけです。それゆえ、市場では価格が調整役となって能力のない人々から資源を流出させ、能力のある人々に資源を配分することになるわけです。

この意味で、市場システムは、価格メカニズムのもとに、ヒト・モノ・カネなどの資源を、力のある人々に配分する効率的資源配分システムだと言えるわけです。そして、このことを数学的に証明しているのが新古典派経済学なのです。

しかし、ここで注意しなければならないのは、新古典派経済学では市場を唯一絶対的な効率的資源配分システムとして説明するために、企業を「完全合理的」で「利益最大化」する存在として擬人化し、しかもそのような企業が多数存在し、相互に競争していると仮定していることです。

とくに、企業が多数存在し、互いに競争的であるという仮定は非常に重要です。なぜなら、

1社が独占的に支配する市場では、能力がないにもかかわらずその独占企業は自社にとって有利な価格を自由に設定できるので、一方で資源を必要以上に割安に購入し、他方で生産物を必要以上に割高で販売することができるからです。

したがって、企業の数が少ない非競争的な市場では、能力のない企業に資源が配分され、社会全体から見て非効率的な資源の利用が行われる可能性があると言えるのです。これが、新古典派経済学から導き出される重要なインプリケーションの1つです。

**ハーバード学派VS.シカゴ学派**

このような新古典派経済学の考えのもとに、米国では1950年代から60年代にかけて、国家的観点からさまざまな業界が1つの企業による独占状態なのか、複数の企業の競合状態なのかが分析されました。そして、独占状態と判断された業界に対して、政府は反トラスト（独占禁止）法を適用し、独占企業を分割することによって強制的に競争を促進し、社会全体の利益を高めようとしました。

当時、米国では独占禁止法の適用をめぐり、その理論的根拠を与える学問として「産業組織論」という研究分野が発展しつつありました。とくに、この分野で活躍していたのが、

E・S・メイスン、J・S・ベイン、R・E・ケイブス、F・M・シェアラーといったハーバード大学の研究者たち（ハーバード学派）でした。彼らは、産業の構造（Structure）が企業行動（Conduct）を決定し、それがその産業の成果（Performance）を決定するという「S→C→P（構造→行為→成果）」パラダイム（枠組み）にもとづいて議論を展開しました。

この「S→C→P」パラダイムでは、業界の「集中度」が産業構造が独占状態か、あるいは複数の企業同士の競合状態かを決定する最も重要な指標とされていました。「集中度」とは、ある産業内で生産量ないし売上高の上位3社あるいは5社の占有率（マーケット・シェア）の合計を意味します。それが非常に高い場合は、企業が独占的に獲得する利潤率も高いので、この「集中度」は政府が寡占市場政策として企業分割を含む構造規制を実行する上で最も重要な要因とされていたのです。

このようなハーバード学派の議論に対して、M・フリードマン、G・J・スティグラー、H・デムゼッツなどのシカゴ大学の研究者たち（シカゴ学派）は、業界の集中度の高さは、優れた企業がイノベーションを起こし、競争に勝ち残った結果であり、非難されるべきものではないと反論しました。そして、もしそのような企業が規制の対象となって分割されるならば、誰もイノベーションを起こさなくなってしまうと批判しました。

図表2　「S→C→P」パラダイム

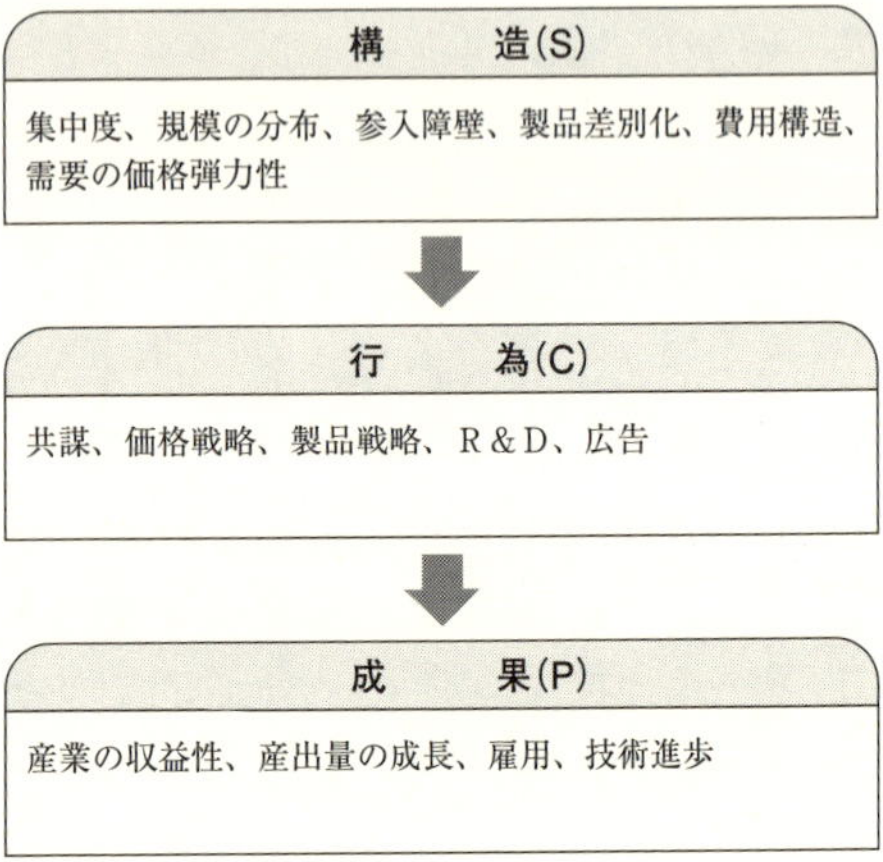


　さらに、シカゴ学派は、ある業界において参入障壁が著しく高く、しかも著しく非効率的な独占化が進むのは、むしろ政府の介入や規制によるものだと批判しました。そのため、シカゴ学派の研究者たちは、規制緩和（反政府介入）と消極的反トラスト政策の実行を強く求めたのです。

　こうした論争の中、レーガン政権が1980年代に規制緩和の流れを定着させ、米国の産業政策をめぐってシカゴ学派の考えが積極的に取り入れられていくことになります。

　しかも、この頃、ハーバード学派の「S→C→P」パラダイムをめぐる反証事例も徐々に出現し始めていました。「S→C→P」の因果論的な流れに反して、逆に企業行為（C）

が産業構造（S）に影響を与えるケースや、産業成果（P）が企業行為（C）に影響を与えるケースが確認されたのです。たとえば、企業の特許獲得行為（C）は参入障壁という産業構造（S）に影響を与え、産業成果（P）は企業の研究開発費の大きさ（C）に影響を与えることが確認されました。

その結果、産業構造（S）を重視するハーバード学派は危機的状況に陥り、シカゴ学派に対抗するための新たな理論武装の必要性に迫られたのです。

## ポーターのスタンス

こうした状況で、ハーバード学派の中から登場してきたのが、若きマイケル・ポーターです。

先に述べたように、「S→C→P」パラダイムは、政府が社会全体の利益を高めるために、市場の独占性や競争性を判断するための産業構造の分析ツールとして利用されていました。しかし、ポーターは逆にこれを個別企業が私的利益を追求するための産業構造分析に利用できることを明らかにしました。

彼によると、新古典派経済学が説明する理想的な完全競争均衡状態にある産業は、個別企業にとっては最悪の産業となります。というのも、完全競争均衡状態では、すべての企業の利益はゼロとなるからです。

もし特定の企業の収益がプラスとなっているような業界があれば、他の企業が追随してその業界にどんどん参入してきます。そして、すべての企業の利益がゼロになったところで参入は止まり、完全競争均衡状態になります。このような業界は社会全体としては効率的な資源配分状態にあるのですが、個別企業にとっては魅力のない業界になるのです。

### ポーターの「ファイブ・フォース・モデル」(5つの競争要因モデル)

ポーターはハーバード学派の伝統的な「S→C→P」パラダイムを応用し、業界の競争状態を、以下の5つの観点から分析する「ファイブ・フォース・モデル」(5つの競争要因モデル)を提唱しました。そして、個別企業はこのモデルを用いて様々な業界を分析し、競争圧力の強い産業への参入を避け、可能な限り競争圧力の弱い不完全競争状態にある産業を見つけ出して、そこへ戦略的に参入すべきだと主張したのです。

(F1) 新規参入の脅威

もし新規参入の障壁が低いなら、その業界の競争圧力は強まる可能性が高く、それゆえそ

図表3　ファイブ・フォース・モデル

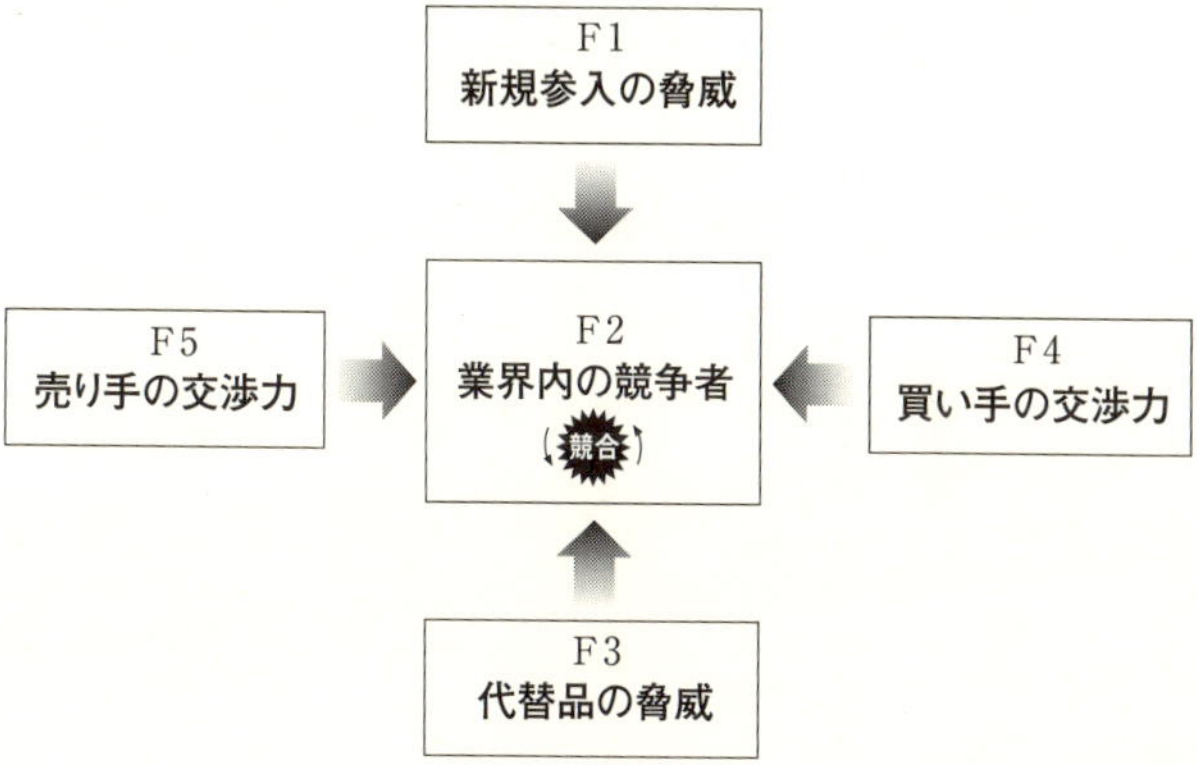


のような業界では企業は製品価格を下げざるを得ないので、利益は低下する。それゆえ、このような業界への参入は避ける必要がある。

（F2）同業者間の敵対関係

もし業界内にライバル企業が多く存在し、競争が激しいならば、その業界で販売される製品価格は下がるので、収益率は低下する。それゆえ、このような業界への参入は避ける必要がある。

（F3）代替品の脅威

もし潜在的な代替品が多いならば、その業界の競争圧力は強いので、その業界では製品価格を下げざるをえない。それゆえ、このような業界では高い利益を望むことはできないため、この業界への参入は避けるべきである。

（F4）買い手（消費者）の交渉力

もし買い手の交渉力が強いならば、そのような業界の競争圧力は強く、製品価格を下げざるを得ず、それゆえ企業の利益は低下する。したがって、このような業界への参入は避けるべきである。

（F5）売り手（供給者）の交渉力

もし売り手の交渉力が強いならば、そのような業界では製造コストが上昇するため、企業の収益率は低下する。それゆえ、このような業界への参入は避けるべきである。

**ポーターの競争戦略**

さらに、ポーターは、この分析で見つけ出した競争圧力の弱い業界に参入する場合、企業がそこで成功するための戦略は以下の3つだと主張しています。

①低コスト構造のもとに製品価格を下げて競争を勝ち抜く「コスト・リーダーシップ戦略」。たとえば、「100円ショップ」の戦略はコスト・リーダーシップの典型です。日々、安売りを行うことをモットーとしている世界最大の小売業、ウォルマートの戦略もこれです。

図表4　ポーターの競争戦略

| 戦略のターゲット | | 戦略の優位性 | |
|---|---|---|---|
| | | 顧客に特異性が認められる | 低コスト構造 |
| | 業界全体 | **差別化** | **コスト・リーダーシップ** |
| | 特定セグメント | **集中** | |

②　他社との競合を避け、棲《す》み分けるために製品を差別化する「差別化戦略」。たとえば、モスバーガーはマクドナルドと全く逆の高級志向の戦略を展開しています。また、スターバックスも他社と差別化を図るために濃くて香りの強いコーヒーで勝負しています。

③　これら2つのいずれかの戦略を特定の地域や対象に対して集中的に展開する「集中戦略」。たとえば、農機具メーカーのクボタは日本の農家だけをターゲットとし、狭い農地に対応する軽量・小型農機具の製造・販売にビジネスを集中しています。

ただし、ポーターはコスト・リーダーシップ戦略と差別化戦略の両立は難しいと主張しました。というのも、そこには経済的なトレードオフが存在するので、コスト優位と差別化優位をともに追求すると、いずれの効果も中途半端になってしまうからです。ポーターはこれを「Stuck in the Middle（中途半端はダメ）」とし、このような企業はえてして失敗例になってしまうと主張しました。

### 資源ベース理論

以上のように、ポーターの競争戦略論は基本的にハーバード学派の「S→C→P」パラダイムにもとづく状況決定論的、あるいは環境決定論的な戦略論です。つまり、業界構造が企業行動を決定し、その結果、成果が生まれるという因果論的なフレームワークにもとづいています。

ここで、もし彼の議論が「S→C→P」にもとづいているとすれば、同じ業界（S）で成功している企業群がある場合、それらの企業はいずれも同じような戦略行動（C）を展開し、プラスの成果（P）をあげている可能性があります。

しかし、実際には、同じ業界内（S）でも異なる戦略行動（C）を展開して成功している企業群が存在していることが様々な実証研究から分かってきました。たとえば、パソコン業界は、ポーターの議論に反して、はじめに業界内でコスト・リーダーシップ戦略を展開していたIBMやゼニス、オリベッティなどのグループと、差別化戦略を展開していたDECや

図表5　パソコン業界

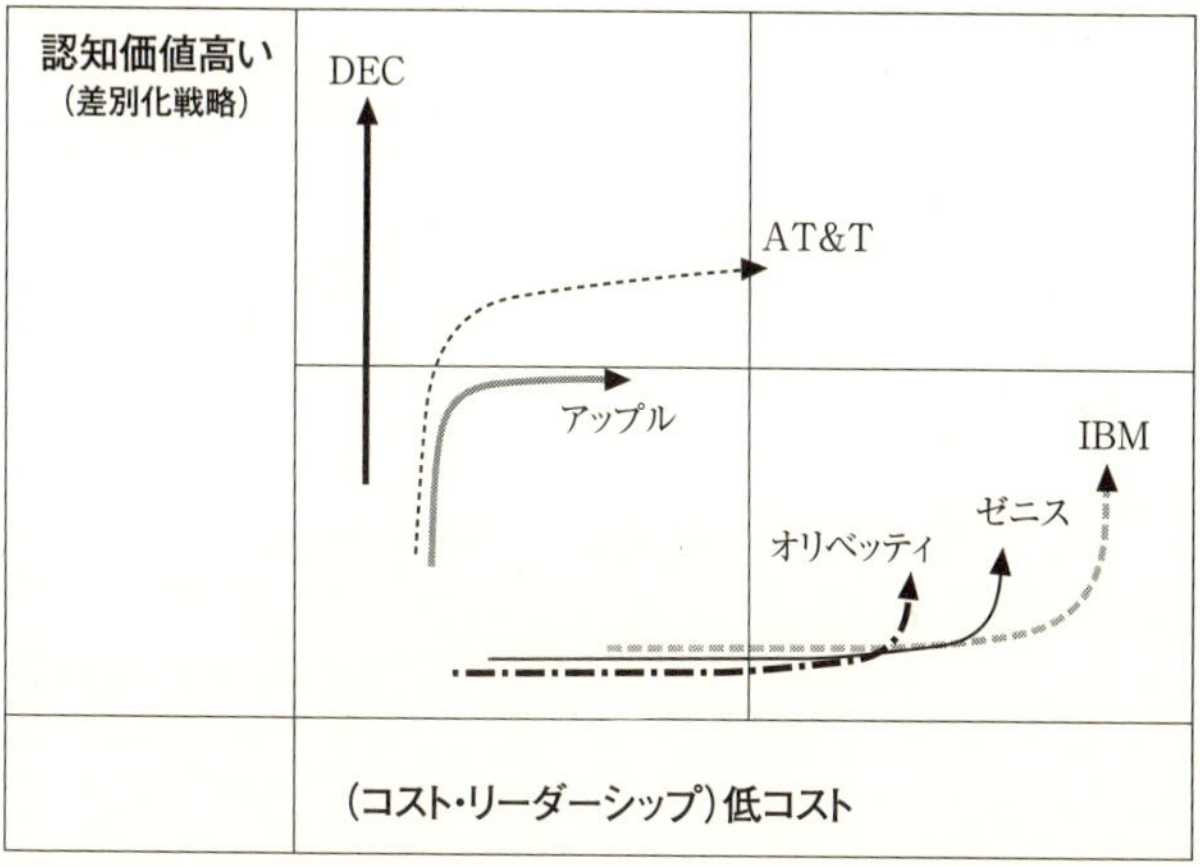


出典：Gilbert and Strel (1988) P.76

AT&T、アップルなどのグループに分かれ、ともに成功して併存していました。しかも、やがて業界内のすべての企業が2つの戦略を併用するようになり、ここでも2つの戦略を両立させることは難しいというポーターの主張は成立しませんでした。

このような事実から、企業の戦略行動は環境によって決定されるのではなく、実は企業内部にある固有の資源、つまり遺伝子のようなものにもとづいて決定されているのではないかという議論が登場してくるわけです。

企業にはもともと固有の資源、リソース、ケイパビリティ（組織能力）、コア・コンピタンス（中核能力）が存在し、それにもとづいて企業は戦力を特定の事業に集中したり、

図表6　資源ベース理論のイメージ

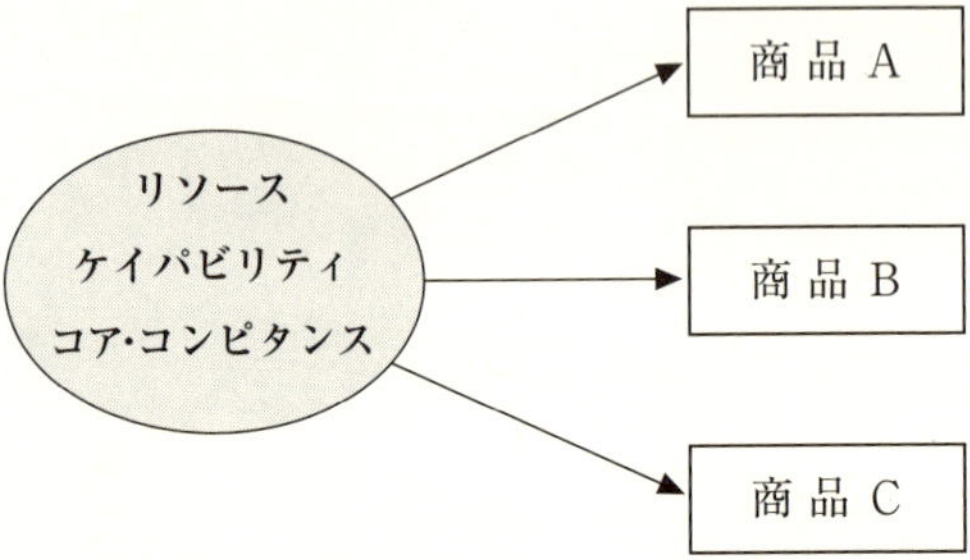


低価格化戦略や、差別化戦略、多角化戦略を展開したりして競争優位を築くのではないか。これが、バーガー・ワーナーフェルト、ジェイ・B・バーニー、デイビッド・ティースたちによって展開された資源ベース理論の考え方です。つまり、ポーターの環境決定論に対抗して、彼らは遺伝子決定論を展開したわけです。

しかし、彼らの議論も、基本的には戦力を集中し、目に見えるかたちで低価格化戦略や差別化戦略を展開して競争に勝ち抜こうというものです。その点では、物理的世界を前提とするクラウゼヴィッツと同じ、力と力の戦略論の一種にすぎないのです。

**ブルー・オーシャン戦略**

ポーターの主張に反して、低価格戦略と差別化戦略は同時に可能だというのが、最近注目されているW・チャン・

キムとレネ・モボルニュによって展開されているブルー・オーシャン戦略です。

彼らによると、ある企業がある製品の差別化に成功していても、必ず他の企業によって模倣されるので、やがて製品は均質化します。そして、そこから価格競争へと移行し、最終的に企業は赤字覚悟で競争し合い、互いに傷つけあうことになります。彼らは、このような市場を「レッド・オーシャン」、つまり〝血みどろの海〟だと呼ぶわけです。

しかし、自社の製品を徹底的に分析したうえで、一方で何かを減らしたり排除することによって低価格を実現し、他方で何かを増やしたり新たに付加することによって製品の差別化を徹底的に進め、新しい価値を生み出すこと、すなわち「バリュー・イノベーション」ができるならば、これによってレッド・オーシャン化した競争市場から抜け出すことができる。こうして、企業は競争のない〝青い海〟の市場「ブルー・オーシャン」へと進むことができるというのです。

**ブルー・オーシャン実現ツール１**

では、どのようにして低価格戦略と差別化戦略を同時に実現することができるのでしょうか。そして、どのようにして企業はブルー・オーシャンへと進むことができるのでしょうか。

キムとモボルニュによって、そのためのツールやフレームが数多く提示されていますが、その中でも、「戦略キャンバス」と「4つのアクション」が中心的ツールとなっていますので、これを紹介してみたいと思います。

まず、戦略キャンバスとは、自社の取り組みと他社の取り組みとを比較できるツールのことです。横軸が競争要因を、縦軸がそのレベルを表します。そして、各競争要因の評価を示すそれぞれのポイントを結び合わせた線が「価値曲線」と呼ばれる曲線です。これによって、業界標準に対して自社がどの位置にいるのかを認識することができるのです。

たとえば、ワイン業界のA社について分析してみましょう。ワイン業界の競争要因は、以下のように7つにまとめることができます。①1本あたりの価格、②パッケージの洗練度・高級感、③マス・マーケティング、④ヴィンテージ、⑤ワイナリーの伝統や格式、⑥香りや味わい、⑦品種です。

これらの7つの観点から分析し、それらをスコア化して線で結べば、高級ワインとデイリーワインという2つのワイン業界の標準と、A社のワインの特徴を図表7のように曲線で描くことができます。これらの曲線が価値曲線であり、それを見ることで、業界標準に対して自社がどの位置にいるのかを認識することができるわけです。

図表7　ワイン業界の戦略キャンバス

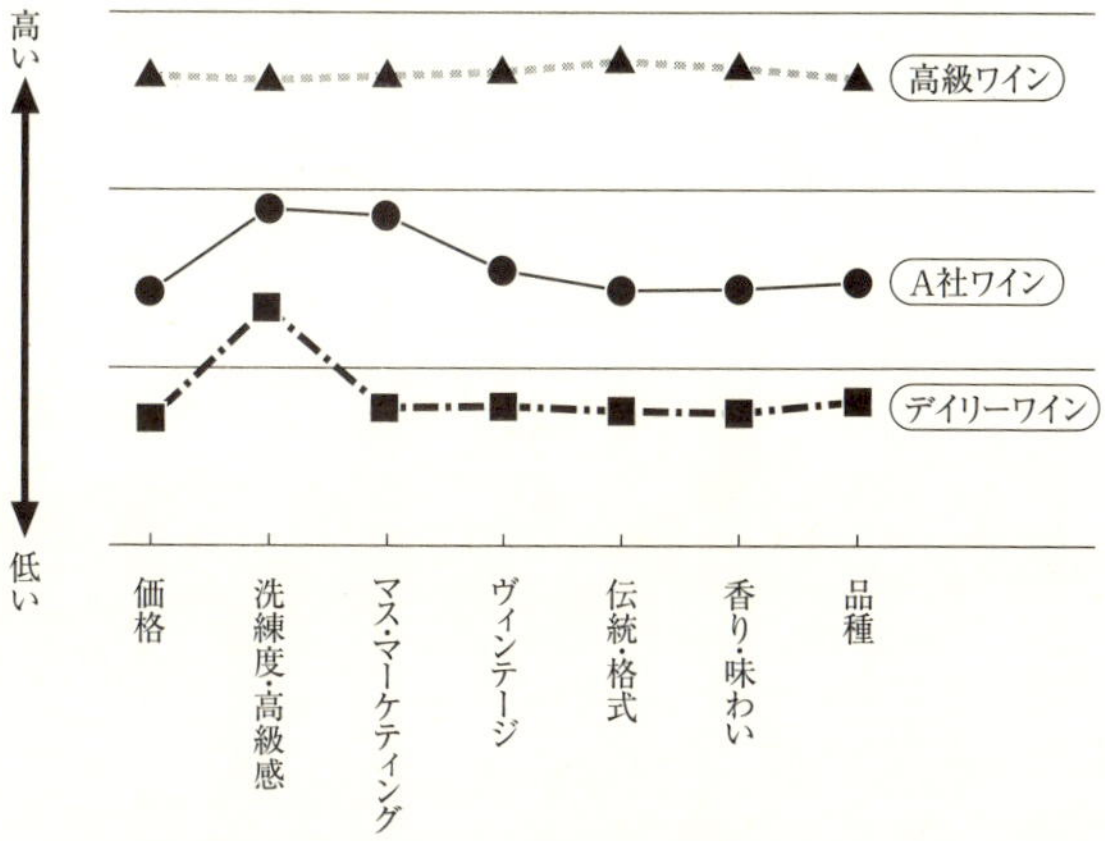


## ブルー・オーシャン実現ツール2

そして、ブルー・オーシャンを創造するための具体的なプランを立てるためのツールとなるのが、「4つのアクション」モデルです。これは、「取り除く」、「増やす」、「減らす」、「付け加える」という4つの観点から、自社の事業を再整理し、戦略キャンバスに新しい価値曲線を描き出す方法です。

4つの観点をさらに詳しく言うと、以下のようになります。

① 業界の常識として製品やサービスをめぐって取り除くべきものは何か

② 業界の標準と比べて思いきって減らすべき要素は何か

③　業界の標準と比べて大胆に増やすべき要素は何か

④　業界でこれまで提供されていない、それゆえ今後加えるべきものは何か

ここで、①「取り除く」と②「減らす」はコスト削減に結びつき、③「増やす」と④「付け加える」は差別化と結びつくことになります。

たとえば、先のワイン業界のA社の製品を「4つのアクション」モデルにもとづいてつくり直してみましょう。まず、A社をめぐってマス・マーケティングと格式を「取り除き」、ヴィンテージとワインの極意、謳《うた》い文句を「減らし」、飲みやすさと選びやすさを「増やし」、意外性と楽しさを「付け加える」ことにします。

そして、これらの内容を戦略キャンバスに反映すると、A社の新しい戦略キャンバスは、図表8のようになります。このとき、A社の価値曲線は他社とまったく異なるものとなります。つまり、A社のワインは、一方で「取り除」いて「減らした」部分によって低コストが実現され、他方で「増やし」「付け加えた」部分によって差別化されることになるのです。

こうして、A社は競争のない新しい市場空間の扉を開くことができます。つまり、レッド・オーシャンからブルー・オーシャンに移行する可能性が生まれるわけです。

図表8　A社の戦略キャンバス

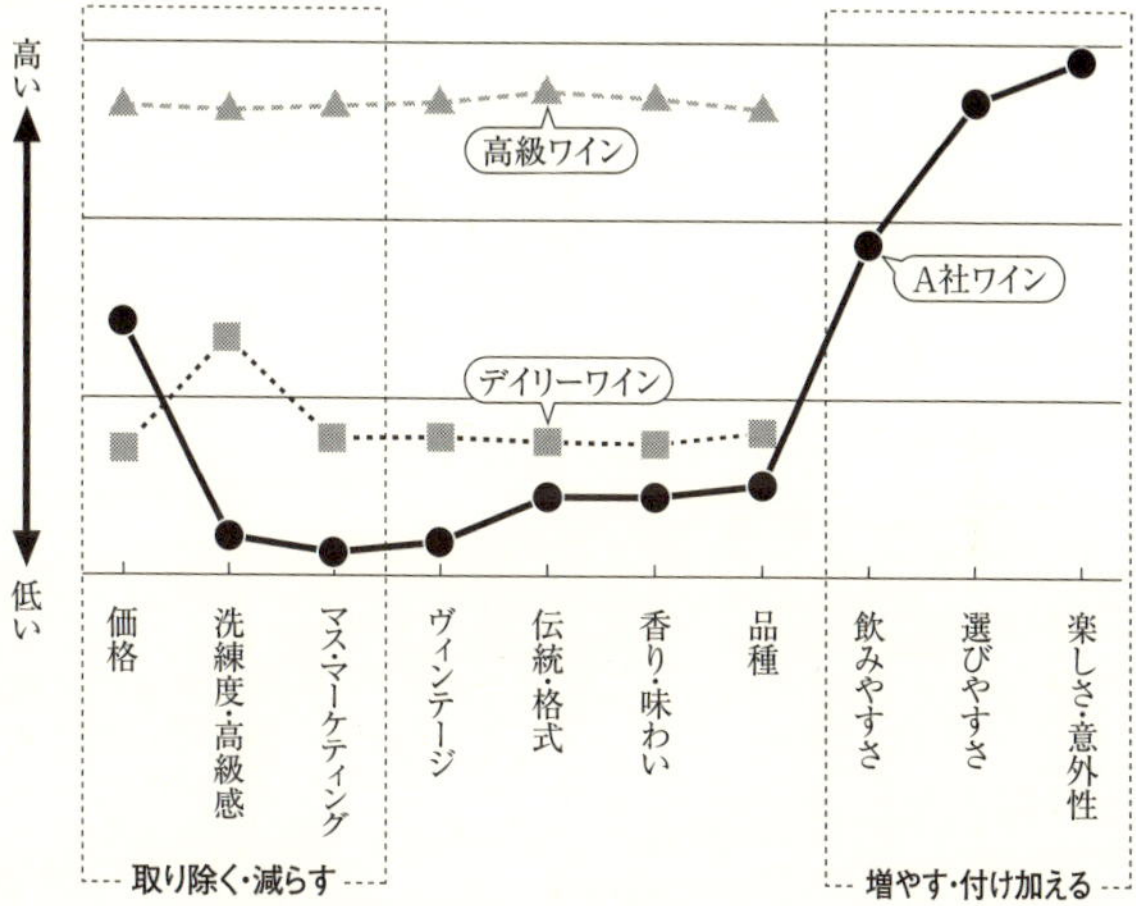


このように、チャン・キムとレネ・モボルニュは、ポーターの主張に反して「コスト・リーダーシップ戦略」と「差別化戦略」はともに両立可能だと主張しました。しかし、彼らの議論も基本的にはポーターのパラダイム内の議論にすぎません。彼らの主張の成否については、もう少し時間が必要かもしれません。

## アノマリー（変則事例）

以上のように、マイケル・ポーター以来、経営戦略論の分野ではさまざまな議論が展開されてきました。しかし、いずれの議論も戦力を集中して、より安くより高品質な製品を製造・販売し、力と力で戦って勝つ企業が生き残るという議論であり、それは新古典派経済学の考え方の枠組みを一歩も出ていません。

ところが、１９８０年代に、このような新古典派的な考えに対して、決定的な反証事例が経済史家のポール・デビッドによって発見されます。彼が事例として注目したのが、コンピュータのキーボードの文字配列でした。普段、われわれが使っているキーボード上段の文字配列は、左からＱＷＥＲＴＹ……となっています。このランダムな文字配列の不思議にデビッドは気づいたのです。

この文字配列は、19世紀に完成したものです。当時はタイプライターの性能が悪く、早く打つと文字を打ちつけるアームが絡《から》まるという問題がありました。そして、この問題を解消するために、指の動きができるだけ遅くなるように考案されたのが、「ＱＷＥＲＴＹ《クワーティ》配列」でした。

しかし、その後タイプライターは電動化され、コンピュータが登場し、そしてより効率的な文字配列も考案されたにもかかわらず、いまだにＱＷＥＲＴＹ配列が採用されています。なぜか。それは、ＱＷＥＲＴＹ配列が効率的な配列だったからではありません。まったく偶然に採用され、いつの間にかデファクト・スタンダード（事実上の標準）になってしまっていたからです。

これに類似した事例は他にもあります。コンピュータのOSにおいて、なぜマッキントッシュが敗れ、ウインドウズが勝ったのか。また、なぜソニーの家庭用ビデオ、ベータ・マックス方式がビクターのVHS方式との競争に負けたのか。果たして、ウインドウズのほうがより効率的なOSだったのでしょうか。本当にVHS方式のほうがより効率的な方式だったのでしょうか。むしろ逆だったとも言われています。

こうした現象は、必ずしも市場は最善の答えを出すわけではないということを意味しています。つまり、製造コストが安く、より技術的に優れた商品が常に市場を支配するわけではないということ、それゆえ物理的世界を対象とする新古典派経済学やそれにもとづく経営戦略論には限界があることを示唆しているのです。

## 物理的世界と戦略の不条理

では、なぜこのような現象が起こるのでしょうか。これまで様々な議論がなされてきましたが、理由は少なくとも2つあると思われます。第一に、新古典派経済学の仮定とは異なって、人間は完全合理的ではなく、限定合理的だということです。つまり、人間はすべてを完全には認識できないのです。第二に、人間は物理的世界だけでなく、主観的な心理的世界の住民としても生きており、そんな人間の心理的バイアスが行動に影響を与えているからです。

このように、今日では物理的世界とは別に、心理的世界もまた実在していることを前提に戦略を展開する必要があります。そうでなければ、企業がある製品を生産する上で戦略的な努力を積んで物理的世界において変化を起こしても、消費者の心理的世界において変化を起こすことができなければその製品は売れず、企業は物理的世界においては合理的に行動しているにもかかわらず、淘汰されてしまう可能性があるのです。つまり、「戦略の不条理」に陥ることになるわけです。

現代を生き抜くためには、企業は多元的世界観に立ち、物理的世界とは別に心理的世界も実在していることをしっかりと認識し、それぞれの世界に対してそれぞれ固有の戦略を展開していく必要があるのです。そうすることによって戦略をめぐる合理的失敗、つまり戦略の不条理を回避できるのです。

これと同様のことを軍事の面で考えたのが、英国の軍事戦略家バジル・ヘンリー・リデル・ハートでした。そして今日経済学の分野で、人間の心理的世界を分析してその行動を説明しようとしているのが、行動経済学です。次に、これらについて説明してみたいと思います。

# 第4章　リデル・ハートと心理的世界の戦略論

軍事において、人間は完全合理的ではなく限定合理的であり、しかもクラウゼヴィッツが重視した物理的世界とは別に、人間の心理的世界も独立して存在していることに明確に気づいたのは、英国の軍事戦略家リデル・ハートでした。彼は物理的世界とともに心理的世界の実在性を認めながら、新しい軍事戦略論を展開しました。

リデル・ハートは、軍事の世界では直接的な物理的攻撃だけでは敵に勝つことはできないと主張しました。何よりも、敵の心理に対して間接的に攻撃をしかけることによって、ときには戦わずして敵に勝つこともありうることを明らかにしたのです。

他方、今日ビジネスの世界でも心理的世界の実在性が注目され、人間行動に与える心理的影響を分析する行動経済学（behavioral economics）が注目されています。この研究は、2002年にノーベル経済学賞を受賞したダニエル・カーネマン、エイモス・トヴェルスキー、リチャード・H・セイラーたちによって積極的に展開されています。彼らは物理的世界とは別に、人間には心理的世界があり、それゆえ物理的世界の観点からみていくら優れた製品をつくっても、その製品が売れる保証はまったくないことを明らかにしました。

以下、まずリデル・ハートの軍事戦略論を紹介し、次に、行動経済学について紹介してみたいと思います。最後に、両者のような二元的戦略論でも、なお戦略の不条理に陥る可能性があることを明らかにしてみたいと思います。

## （1）リデル・ハートの世界観と人間観

### 強者の戦略と弱者の戦略

近代軍事戦略論の代表的な名著としては、先に述べたカール・フォン・クラウゼヴィッツの『戦争論』と、バジル・ヘンリー・リデル・ハートの『戦略論――間接的アプローチ』が非常に有名です。

1780年生まれのプロイセン軍将校クラウゼヴィッツが展開した戦略思想は、先に述べたように戦闘を前面に押し出すストレートな決戦に根差しており、「強者の戦略論」と呼ばれています。

リデル・ハート

これに対して、1895年にイギリスのブルジョワ家庭に生まれた軍人で歴史家、そしてジャーナリストでもあったリデル・ハートの戦略思想は、『孫子』の兵法の影響を強く受け、戦闘をできるだけ回避しようとする不戦の考えが貫かれています。そのため、彼の戦略思想は「弱者の戦略論」と呼ばれ、軍人にはあまり人気がありません。

### 完全合理性と限定合理性

しかし、このような単純な比較は、間違った結論を導き出す恐れがあります。両者の本当の違いは、決戦か不戦か、あるいは強者か弱者か、という点にあるのではありません。どのような立場に立って戦略論を展開しているのかにあります。とくに、以下に挙げるような人間観と世界観の違いが両者の戦略論を決定づけているのだと思います。

まず、人間は完全な認識能力を持ち、頭で合理的に考えたことをそのまま実行できるという「完全合理性」の立場に立って戦略論を展開しているのか。あるいは、人間の能力は限定されており、意図としては合理的であろうとするが、実際には必ずしも合理的ではないという「限定合理性」の立場に立って戦略を展開しているのか。この人間観の違いが問題となります。

次に、世界観の違いです。世界で最も存在感があり、最も重要なのは物質的な世界であり、それと関わることなくしてどのような存在もありえないという唯物論的な世界観に立ってい

図表1

| | クラウゼヴィッツ | リデル・ハート |
|---|---|---|
| 基本的前提 | 完全合理性の人間観<br>一元論的世界観 | 限定合理性の人間観<br>二元論的世界観 |
| 戦略思想 | 直接アプローチ戦略<br><br>暴力・武力による絶対的で完全な支配・征服・勝利の獲得 | 間接アプローチ戦略<br><br>暴力・武力のみならず非暴力・非武力（心理的・経済的効果）を駆使した優位な均衡状態の達成 |

るのか。あるいは、世界は物理的世界だけではなく、それとは独立して心理的世界も存在しているという二元論的な世界観に立っているのか。

これらの立場のうち、完全合理的な人間観と唯物論的な一元論的世界観の立場に立って決戦戦略を説いてみせたのがクラウゼヴィッツであり、限定合理的な人間観と物理的世界と心理的世界の二元論的立場に立って不戦戦略を説いてみせたのがリデル・ハートなのです。

## 若きリデル・ハート

では、リデル・ハートとはどのような人物だったのでしょうか。

彼は、1895年にパリのイギリス人牧師の家庭に生まれました。幼い時から、航空機や戦争ゲーム、そしてチェスに異常な関心を示していたと言われています。軍事に関心を持っていた彼は、13歳で海軍学校に入学しようとしましたが、体が弱かったために身体検査で不合格になりました。

結局、ブルジョワ家庭に生まれた彼は、一般にその子弟が学ぶ名門パブリック・スクール(私立学校)の1つであるセント・ポール校に入学します。彼は決して成績優秀だったわけではありませんが、古典の成績だけは非常に良かったと言われています。

その後、ケンブリッジ大学に進学して、歴史学を専攻します。一方で彼は、高校時代や大学時代にいろいろな新聞や雑誌に投稿する投稿マニアでもありました。

そして、ケンブリッジ大学で最初の1年が過ぎた後の1914年に、第一次世界大戦が勃発します。

当時、英国には徴兵制がなかったので、志願制のもとに軍隊が編制されました。1か月間で50万人の人々が集められ、友達グループからなる「友達部隊」や証券会社で働く人たちからなる「株屋部隊」などが編制されました。そして、リデル・ハートもイギリス陸軍を志望し、大学の将校養成センターで訓練・教育を受け、英陸軍臨時将校として1914年11月から西部戦線に送られていくことになります。

当時、ヨーロッパは戦争から50年間も遠ざかっていました。そのため、若者に戦争の記憶はありませんでした。イギリス国民として、多くの人々がこの戦争に参加することを熱望しましたが、そんな彼らも、この戦争はせいぜいクリスマスまでには終わると楽観的に考えていたのです。

リデル・ハートもまた、戦争をロマンにあふれた大規模なピクニックあるいは荒々しい冒険のようなものと考えていたと述べています。また、戦争は女性に対して男らしさを示すロマンティックな機会でもあり、国家のために死ぬことほど高貴なものはないとも考えていたのでした。

しかし、実際の戦争は、リデル・ハートの想像を遥かに超えた残虐で悲惨なものでした。くわえて、多くの人々の予想を裏切って、長期化していきました。リデル・ハートは、戦場で熱病にかかったり負傷したりして２度も本国に送還されることになります。

そして、３度目の派遣である１９１６年７月のソンムの戦いでは、ヨークシャー歩兵隊の大隊の指揮官として参加しました。しかし、この戦闘で英国陸軍部隊は壊滅し、６万人もの死傷者を出しました。彼は、負傷したものの、辛うじて生き残り、イギリスに帰国したのでした。

第一次世界大戦で戦死した将校の多くは上流階級出身であり、その子弟を教育するパブリック・スクールや、オックスフォード大学、ケンブリッジ大学の学生たちや卒業生たちでした。第一次大戦では、彼らの約4分の1が戦死したと言われています。

**戦略思想の形成**

このような戦争体験を経て、リデル・ハートの考えは一変しました。戦争で母国のために死ぬことは確かに高貴なことではあっても、何よりも悲惨なことに変わりはないと考えるようになったのです。

そして、彼は戦後、歩兵戦術の改革に取り組むことになります。西部戦線では、機関銃が威力を発揮したため、彼は機関銃チームを主力にして歩兵はそれを支援するという戦闘の基本形を考案します。

さらに、「目的達成のために要する人的物的損害を最小化する」ことへの問題意識を強く持つようになり、第一次大戦の体験は後に彼が提唱する「間接アプローチ戦略」の原点になったと述べています。そして、悲惨な結果を残すだけの「勝利」ならば戦争の目的としての価値はないとし、「戦後の平和」という構想を欠いた勝つことだけにこだわる戦争指導はもはや無意味だという考えに至るわけです。

１９２７年に、彼は陸軍を退役しました。そして、軍事に関わる作家、そしてジャーナリストとして、『モーニング・ポスト』『デーリー・テレグラム』『ザ・タイムズ』などに軍事記事を寄稿するようになります。また、陸軍大臣ホーア・ベリッシャの非公式なアドバイザーにもなりました。そして、１９２９年に出版された彼の著書『歴史の決定的戦争』において、初めて彼の名声を高めることになる「間接アプローチ戦略」を打ち出しました。この新しい戦略思想は、彼のその後の著作でも繰り返し論じられていくことになります。

やがて１９３９年に、第二次世界大戦が始まります。このとき、リデル・ハートは英国がドイツと総力戦を行うことに強く反対しました。彼はあくまで外交交渉を駆使して、英国はナチス・ドイツと単独講和を結ぶべきだと主張したのです。しかし、この主張は、彼の名声を大きく損なうことになります。

当時、リデル・ハートはドイツ軍を過小評価し、敗北するのは時間の問題だと考えていました。彼は、英国でもそれほどうまくいっていない軍隊の機械化を、再軍備したばかりのドイツ軍が完了しているとは思ってもいなかったのです。このような認識のもとに、彼が主張する間接アプローチ戦略思想にもとづき、ドイツを壊滅的な敗北に導くような総力戦は非効率的であり、こうしたクラウゼヴィッツ流の力による攻撃は英国の財政を圧迫するだけだと考えていたのです。

ところが、実際にはドイツ軍はすでに機械化を完了しており、電撃戦で大国フランスをはじめ、連合国軍をあっという間に破っていきました。しかし、ここでもリデル・ハートは、同様の主張をくり返します。そして、大戦後期の１９４３年にチャーチルが徹底抗戦によって枢軸国の無条件降伏を目指すことを決定したときにも、反対の覚え書きを政府に送りつけたりしたのです。

このように、リデル・ハートは戦時中であったにもかかわらず、自らが主張する間接アプローチ戦略のもとに、一貫してドイツとの総力戦を避け、外交交渉を通じてドイツとの単独講和を行う必要性を主張し続けました。そのため、彼は人々から弱腰の敗北主義者とみなされてしまったのです。

**晩年**

しかし、戦争が終わると、リデル・ハートは再評価されることになります。ドイツ軍の電撃作戦が、実は彼が主張していた間接アプローチ戦略にもとづいて展開されていたことが、後々分かってきたからです。さらにドイツが敗北して退いた隙間地域をソ連が占領しようとしていることを正確に予想したため、この点でも彼の名声は高まりました。

こうした状況下で、リデル・ハートは自分が一貫して主張してきた間接アプローチ戦略の妥当性を戦史によって示すために、著書『戦略論―間接的アプローチ』を執筆しました。この本は英語圏で広く読まれ、クラウゼヴィッツに批判的なリデル・ハートの考え方が英語圏では優勢になりました。

リデル・ハートによると、ナポレオンの決戦志向を理論化したのはクラウゼヴィッツであり、敵の軍事力の撃滅を最善とするクラウゼヴィッツの戦略思想を、彼は「直接アプローチ戦略」と呼んで批判しました。

そして、このクラウゼヴィッツの戦略思想こそが、第一次大戦に参加した国々の残虐な行為を正当化し、戦争における暴力の絶対性を決定づけたのだと主張しました。その結果として無分別な軍人が数多く生まれ、ヨーロッパ各国が正面攻撃による消耗戦に突入していったのだと批判したのです。

さらに、その総力戦が戦争における非人道的行為を促進し、銃後の熱狂を煽動《せんどう》することによって平和の達成を不可能にしたのだとも言いました。そして、その戦争の絶対性の極限として第二次大戦が勃発し、最終的に原子爆弾の登場に至ったのだと主張したのです。

晩年、リデル・ハートの「ステート・ハウス」には世界中の訪問客が訪れ、そこで彼と戦争に関する議論をしています。平和を望むなら、戦争について理解する必要があるというのが、彼の考えでした。1966年にナイトの称号を授与され、その4年後の1970年に死去しています。

## (2) リデル・ハートの間接アプローチ戦略

### 基本思想

では、リデル・ハートが展開した戦略論とは、具体的にはどのようなものだったのでしょうか。

彼は、人間は武力によって他の人間の心まで奴隷化することはできないと考えていました。「面従腹背」という言葉があるように、人間は表面的には恭順《きようじゆん》の意を表しつつも、胸の内では復讐心を燃やしている可能性があります。それゆえ、力、暴力、戦闘による直接アプローチ戦略だけでは戦争が終わることはなく、むしろ、復讐の連鎖を生み出すだけだというのです。

また、リデル・ハートは、戦争を戦力の集中であるとするクラウゼヴィッツの考えは誤っていると主張しました。敵も戦力を集中してくるので、単なる戦力の集中は殴り合いにしかならないし、全戦力の集中は実現性に乏しい理想にすぎないと一蹴したのです。

彼は、人間の能力には限界があり、それゆえ人間は限定合理的で、さらに人間は物理的で肉体的な存在であるだけではなく、心理的な存在でもあるという二元的な存在であると考えていました。こうした前提に基づいて展開される固有の戦略論こそが、彼の間接アプローチ戦略論の本質であると言っていいでしょう。

それゆえ、リデル・ハートは、戦争の目的とは、目先の力による敵の完全撃滅と強制的服従ではないと考えます。能力の限られた人間が目指すべき究極の目的は、何よりも戦後の平和を確立することで、そのために敵の脅威を可能な限り排除し、敵が負けを認めて自らの意志で投降してくるように仕向け、最終的に有利なかたちで、しかも戦闘が再開しないかたちで兵力を均衡に持ち込むことだと主張しました。

したがって、戦争の目的は、戦後の平和をめざして敵の抵抗の可能性を消滅させることであり、この目的を達成するために、戦略は「運動」と「奇襲」の要素から組み立てられる必要があると主張したのです。

このように、リデル・ハートにとって戦略とは、クラウゼヴィッツのように目先の勝利という目的を達成するための方法ではありません。戦後の平和の確立を念頭において様々な手段を分散して適用するアート（技法）であると彼は考えたのです。

## 間接アプローチ戦略

ところで、リデル・ハートは、戦う前の自軍の状況が敵に比べて有利であればあるほど、逆に戦闘や武力行使は少なくなると言います。極端に言えば、有利な状況に導かれれば、それだけで戦闘することなく敵は戦意をなくしてしまうものだと言うのです。

前述のように、リデル・ハートの考える戦略の完成とは、熾烈《しれつ》な戦闘を仕掛けて敵を完全に撃滅することではなく、戦後の平和を考慮して事態を決着に持ちこむことです。たとえば、敵の完全屈服を求めず、ただ自国の安全の維持のみを求めている国家の場合を考えてみると、その国家は敵の脅威を排除するか、敵が戦いを放棄するように導くことでしょう。

こうした目的を達成するためには、物理的な破壊行動だけを繰り返すクラウゼヴィッツ流の直接アプローチ戦略だけでは十分ではないのです。

リデル・ハートによると、敵が自らの意志で投降しやすいように、心理的・外交的な間接アプローチ戦略を積極的に展開することが重要だというわけです。その上で、直接アプローチ戦略を補完的に利用することで、より効果は高まると主張しています。

戦闘は、戦略目的を達成する様々な手段の1つにすぎません。戦闘に訴えることが適している状況においては、そうすれば迅速に効果を収めることができるでしょう。しかし、戦闘手段に訴えることが適さない場合もあるのです。戦闘手段を必要とする場合がすべてではないということです。

リデル・ハートは物理的攻撃を検討するにあたり、決して心理的側面を考慮することを忘れてはならないとし、敵の物理的側面への攻撃のみならず心理的側面への攻撃をも併用した場合にのみ、敵のバランスは崩れ、まさに計算された真の「間接アプローチ」が可能になるのだと主張しました。

たとえば、敵に対してその配備の後ろに回って攻撃するといった戦闘行動は、敵が配備を変更すれば、直ちに直接対決となり、直接アプローチ戦略となってしまいます。代わりに、敵が配備を変更しないように、事前に攪乱《かくらん》行動として「牽制」することは、1つの間接アプローチ戦略となります。

それでは、このような攪乱行動を戦略的に行うとすると、どのようなものになるでしょうか。リデル・ハートは、①敵の配備を混乱させること、②敵兵力を分断すること、③敵の補給を危機に陥れること、④敵の足場固めのための路線を脅威に晒すことだと言います。

こうしたリデル・ハートの間接アプローチ戦略は、一般に弱者の戦略と言われています。しかし、彼によると、歴史をみれば、このような戦略こそが多くの成功を収めてきたのであり、大英帝国の軍事政策としても実際に試みられてきたのだというのです。敵に直接打撃を与えるというリスクの高い行動をとるよりも、「とげ」でたびたび刺して敵を弱らせ、徐々に兵力を弱体化させることによって目的を達成できることのほうが歴史的には非常に多いというのです。

とくに、リデル・ハートは、次の2つのアプローチが重要であるとしました。

第一に、「最小予期線」を攻撃する間接アプローチ戦略です。これは、敵が心理的に最も予期していないような攻撃を展開することを意味します。そのためには、まず敵が対抗して動いてくる可能性を予想し、その上で敵の心理の裏をかく。ここでは、どのような作戦が最も物理的に効率的かといったような単純な消去法ではなく、あくまでも敵の心理を徹底的に攪乱することが重要になります。

第二に、「最小抵抗線」を攻撃する直接アプローチ戦略です。これは、物理的に敵の抵抗が最も弱いと考えられる箇所を徹底的に攻撃することを意味します。ただし、補給路などの最小抵抗線を選択すれば、敵にすぐに見破られてしまうので、それは真の最小抵抗線とは言えません。あくまで敵の意表を突くような最小抵抗線を見つけて、そこを攻撃する必要があるのです。

## グランド・ストラテジー

さらに、リデル・ハートはこれらの間接アプローチ戦略と直接アプローチ戦略を体系的に結びつけて実行するために、「グランド・ストラテジー（大戦略）」(grand strategy) の重要性を強調します。それは、戦後の平和を見据えて２つのアプローチ、つまり間接アプローチ戦略と直接アプローチ戦略を駆使して、相手を殲滅させるのではなく、有利なかたちで均衡に持ち込み、戦争を終結させるより高次の戦略です。

グランド・ストラテジーとは、リデル・ハートの言葉で言えば、一国または一連の国家群のあらゆる資源を目的達成に向かって調整することです。グランド・ストラテジーを実行する上で、経済的資源、物質的資源、精神的資源は非常に重要な資源となります。それはまた

図表2　リデル・ハートの戦略思想

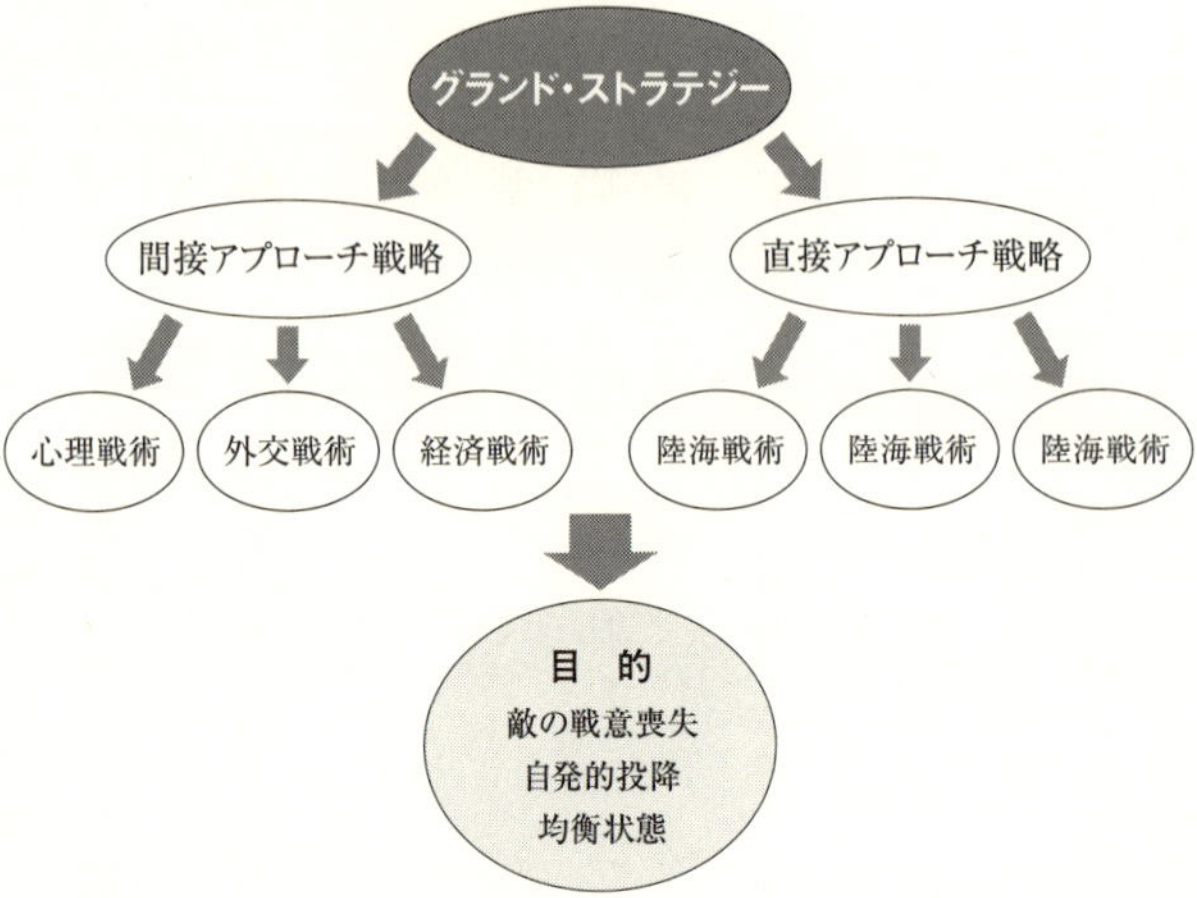


軍と産業間の資源配分をも規定することになります。したがって、敵に対しては、経済的圧迫、外交的圧迫、貿易上の圧迫、そして意志を弱体化させる精神的圧迫を加えることもグランド・ストラテジーの1つです。

さらに、グランド・ストラテジーは、戦後の平和まで考慮に入れて展開されます。通常の戦略は、単に軍事上の勝利に関する問題であるのに対して、グランド・ストラテジーはより長期的な見方に立ち、いかにして戦後の平和を勝ち取るかを問題とするより高次の戦略なのです。

このようなグランド・ストラテジーの概念図を示すと、図表2のようになります。このグランド・ストラテジーのもとに、間接アプローチ戦略だけを用いて敵が自発的に降伏すれば、「ベストな戦争」となります。まさに、『孫子』で言う「相手の上をゆく最上の勝利法」となるのです。その他の場合では、まず間接アプローチ戦略によって敵を徹底的に動揺させ、その上で直接アプローチ戦略を効果的に実行し、敵が自ら降参してくれれば「ベターな戦争」となります。

開戦時から直接アプローチ戦略にもとづくストレートな物理的攻撃だけを徹底して仕掛ければ、一時的な勝利は期待できるかもしれません。しかし、勝利の美酒に酔いしれる間もなく復讐の連鎖が起こり、戦争の終結は遠ざかることになります。これは、愚かな戦いです。このような戦略が戦争を泥沼化させるのは必至です。テロ撲滅を謳ったアメリカによるイラク戦争を引き合いに出すまでもないでしょう。暴力によって他人の意志を支配し、強制することはできないという人間の限定合理性をしっかり認識しなければなりません。

## 間接アプローチの限界

以上のようなリデル・ハートが主張する間接アプローチ戦略は、実はナチス・ドイツのアドルフ・ヒトラーがオーストリアやチェコスロバキアを戦わずして併合したときに取った戦略でした。ヒトラーは、戦争を嫌うイギリスのチェンバレン首相の心理を察知して強気の外交を展開し、直接戦うことなくして2つの国を併合することができたのです。

しかし、ヒトラーにはもともとグランド・ストラテジーという戦略思想はありませんでした。そのため、やがてクラウゼヴィッツ流の直接アプローチ戦略一色に染まっていくことになります。というのも、彼は人間が限定合理的であるという事実と人間の心理的世界について十分な認識を持っていなかったからです。無意識のうちに、物理的世界の一元論と人間の完全合理性の立場に立ってしまっていたわけです。

これに対してリデル・ハートは、何度も繰り返しますが、人間の限定合理性について深く理解していました。さらに、彼は物理的物体の世界とともに、人間の心理的世界もまた並存していることを理解していたのです。人間は破壊や暴力によってのみでは他の人間の心理まで完全に征服し、支配することはできない――その認識がいかに重要であるかを彼は知っていたのです。

## (4) 心理的世界の経営戦略と「戦略の不条理」

さて今日、経済学・経営学の分野においても、人間の行動に決定的な影響を与えているものには、物理的要因だけでなく心理的要因もあるという考えにもとづいて、積極的に心理的世界の研究が進められています。それは、行動経済学あるいは経済心理学と呼ばれている研究分野です。この分野の研究は現在、最も人気があると言ってもいいでしょう。

### レファレンス・ポイント

この分野の研究は多様ですが、ダニエル・カーネマン、エイモス・トヴェルスキー、リチャード・H・セイラーたちによって展開されているものでは、まず人間の心理には、「レファレンス・ポイント」（参照点）があることが明らかにされました。それは、人間が物事を認識し評価するときに参考にする心理的な基準点であり、それは一人ひとり異なっています。

たとえば、いま２人の人間が最近１か月間の自分の資産の増減について、次のような報告を受けたとしましょう。

Ａ氏：資産が４０００万円から３０００万円に減少した。
Ｂ氏：資産が１０００万円から１１００万円に増加した。

どちらが幸せでしょうか。

従来の新古典派経済学では、最終的な富の絶対額が効用の大きさを決定することになるので、最終的に残る富の額が1100万円のB氏よりも3000万円のA氏のほうがより幸せな状態だということになります。

しかし、調査の結果、多くの人がB氏のほうが幸せだと答えています。なぜでしょうか。それぞれ初期状態をレファレンス・ポイントとして、A氏は1000万円損をし、B氏は100万円得したと考えるからです。

もう1つ例をあげると、たとえばAさんは銀行でいつも5分待つことに慣れているとしましょう。この場合、Aさんは5分を基準にして待たされた時間の長短を認識し評価します。すなわち、5分がAさんのレファレンス・ポイントであり、Aさんはこの5分と比較して「思ったよりも早かったので得した」とか、「思ったよりも遅かったので損した」などと考えるわけです。

このように、現在では多くの実験・調査の結果から、人間はレファレンス・ポイントにもとづいて相対的に判断して行動しているということが確認されています。

**感応度逓減と損失回避**

このレファレンス・ポイントを基準に、自分の予想よりも高い水準の結果は「利益」と認知され、それが増加すれば得られる心理的価値は増大します。他方、レファレンス・ポイントより低い水準の結果は「損失」として認知され、その幅が大きければ心理的価値は減少し、心理的に不満足が増大することになります。

しかし、人間の心の中にはバイアスがあるために、利益と心理的価値（満足）は正比例しません。実際には、標準的な経済学の効用理論のように、利益が増加すればするほど、心理的価値の増加率は逓減《ていげん》することになります。つまり、利益に対する感応度は、利益が増えるにつれて鈍くなっていくわけです。このような特性は、「感応度逓減」と呼ばれています。

このことは、多くの実験から検証されています。たとえば、給料が10万円から13万円に上がった場合のほうが、給与が１００万から１０３万に上がった場合よりも、同じ３万円の増額でも大きな喜びを感じるのです。

また、新古典派が前提とする完全合理的な人間にとっては、１単位の相対的利益の増加から得られる心理的価値の大きさと１単位の相対的損失によって発生する心理的価値の減少の大きさは対称的であり、それゆえその絶対値は同じものになると仮定されています。

しかし、現実の人間にとっては、1単位の利益の増加から得られる心理的価値の大きさよりも、1単位の損失によって失う心理的価値のほうが大きいのです。つまり、人間は得る喜びよりも失うショックのほうが大きいわけです。

たとえば、たいていの人は、1万円を獲得する確率と1万円を失う確率が同じ50%であるクジを引くことを拒みます。確率が同じであるにもかかわらず、このクジを拒否する人が多いということは、同額の利得と損失では損失のほうをより大きく評価することを意味しているのです。

**価値関数**

以上のような限定合理的な人間の心理的世界の特性は、図表3のようにS字の価値関数で表されます。

図表3の中心点が、限定合理的な人間の主観的なレファレンス・ポイントを表しています。この点よりも高い水準の結果が出ればそれは利益であり、その利益が大きければ心理的価値(満足)も高まることになります。これに対して、レファレンス・ポイントよりも低い結果が出れば、それは損失であり、その損失が大きければ心理的価値も低くなります。

図表３　価値関数

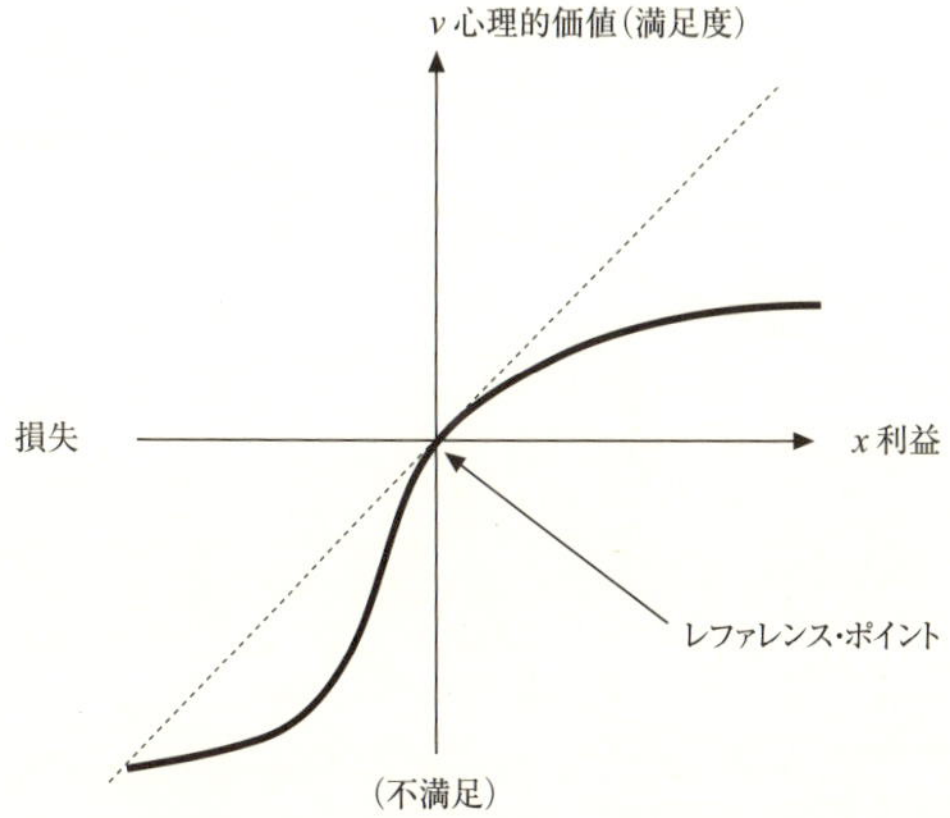


また、図表３のレファレンス・ポイントを境に、相対的利益が増加すればするほど、心理的価値（満足）が比例的に高まるのではなく、増加率は逓減することになります。これが限定合理的な人間の特徴とされる「感応度逓減」です。

さらに、この図表３では、利益が増加して得られる心理的価値（満足）よりも、損失を生み出すことによって失う心理的価値（不満足）の方が大きいという限定合理的な人間の「損失回避」の性格も表現されています。

## 価値関数と人間行動

このような限定合理的な人間の心の特徴を表す価値関数にもとづいて人間の行動を説明

図表4　価値関数と現状維持行動

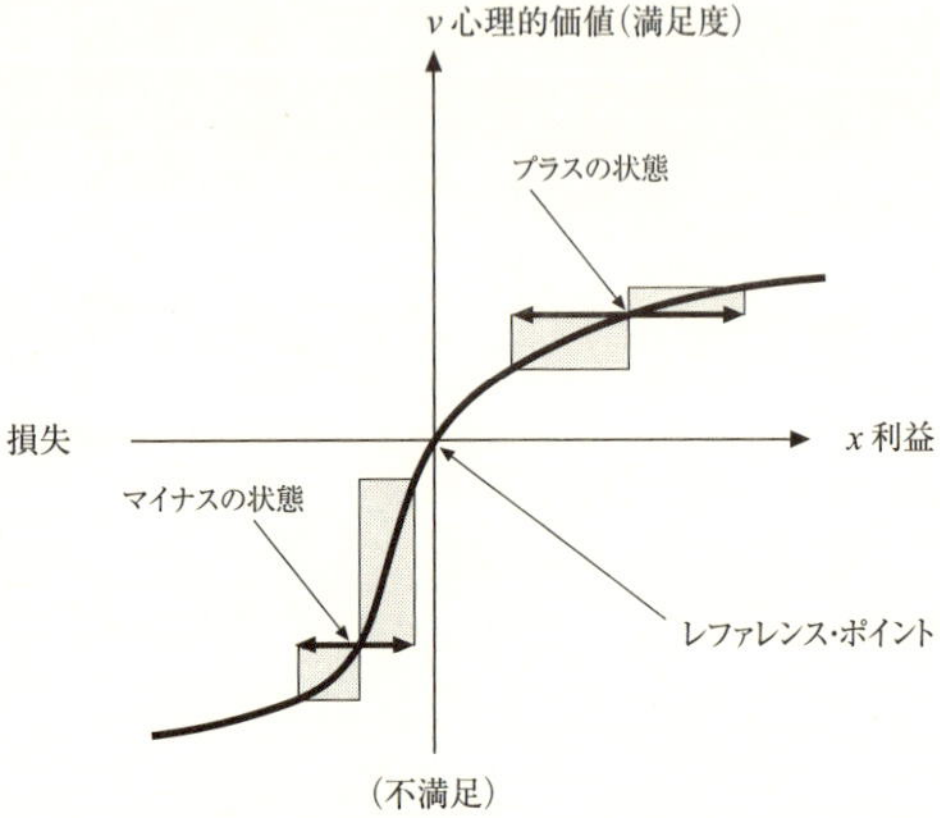


しようというのが、プロスペクト理論と呼ばれる行動経済学の中心的な理論なのです。

この価値関数によると、もし人間がプラスの心境にあるならば、図表4のように何らかのアクションを起こしてさらに多くの利益を得ても、心理的価値は大きく上昇しません。これに対して、もしアクションを起こして失敗すると、心理的価値は利益を得る場合よりも急勾配で下がることになります。それゆえ、プラスの心理状態にあるときには、あえてアクションを起こさず現状に留まることが心理的観点からすると合理的となるのです。つまり、プラスの状態にある場合、人間はリスク回避的となるわけです。

これに対して、もし人間がマイナスの心理

状態にあるならば、図表４のように何らかのアクションを起こして失敗し、さらにマイナスが増えたとしても、それほど心理的価値は下がりません。これに対して、何らかのアクションを起こして少しでもプラスになれば、心理的価値は急速に高まることになります。それゆえ、人間はマイナスの心境にある場合には、たとえリスクが高くても、あえてアクションを起こすことが心理的には合理的となるのです。つまり、マイナスの状態にある場合、人間はリスク選好的となるわけです。

## 心理的世界と戦略の不条理

以上のことから、もし消費者がいま使っている製品に対してある程度満足しプラスの心境にあるならば、たとえ物理的により安くより優れた新製品が販売されたとしても、消費者はこの新製品へ移行しない可能性が高いと言えます。それは一見、非合理的な行動に見えますが、実は心理的観点からすると非常に合理的な行動となるのです。

前章でも挙げた、非効率的な配列といわれているコンピュータのＱＷＥＲＴＹ配列も、その配列をめぐって何かマイナスの事態が発生しなければ、たとえより効率的な配列が新たに登場したとしても、人々はそれに乗り換えようとはしないでしょう。それは、物理的観点からすると非合理的ですが、心理的観点からすると合理的な行動なのです。

したがって、消費者を引き寄せるためには、消費者をマイナスの心境に追い込むような何らかの間接アプローチ戦略が必要となるのです。たとえば、自動車に関していうと、劇的に燃費効率を向上させるなどのモデルチェンジに成功すれば、現在、プラスの心境で自動車を保有している人の心理状態はマイナスに追い込まれる可能性があります。というのも、自分は地球環境によくない自動車を保有しているという心境になるかもしれないからです。この場合、車の買い替えをひかえていた人々が、買い替えに積極的になる可能性が出てくるのです。

それゆえ、人々に製品を購入させるには、物理的世界への直接的アプローチだけではなく、心理的世界への間接アプローチも必要なのです。

しかし、このように物理的世界と心理的世界の2つの世界へ合理的にアプローチしたとしても、なお企業が生存できる保証はありません。というのも、もう1つの世界が実在しているからです。それは、人間の知性によって理解される知性的世界です。この世界の存在を無視し、物理的世界と心理的世界だけで合理的に行動して環境に適応しようとすると、知性的世界の変化に対応できなくなって淘汰されてしまうという「戦略の不条理」に陥る可能性があるのです。

この知性的世界を大いに利用して新しい戦略を展開したのは、ドイツの天才将軍エルヴィン・ロンメルです。また、この知性的世界の住民である目には見えないコスト、すなわち「取引コスト」の存在を発見したのが、ノーベル賞を受賞したロナルド・コース、そしてオリバー・ウィリアムソンです。次に、この第3の世界に関わる彼らの戦略思想について紹介してみたいと思います。

# 第5章　ロンメルと知性的世界の戦略論

今日では、物理的世界、心理的世界とは別に、われわれが知性によって認識できる世界、つまり知性的世界が存在していることを理解する必要があります。そのような世界は、権利、知識、技術などの概念からなる世界です。インターネットの普及とともに、それらの存在感は大きくなっており、現代ではビジネスの中心的な対象となっている世界でもあります。

軍事の世界でこの知性的世界を巧みに利用し、これまでにない新しい次元の戦略を展開してみせた人物が、ドイツの将軍エルヴィン・ロンメルでした。彼が第二次世界大戦のアフリカ戦線で展開した戦略は、前例のない非常に洗練されたものでした。それは、物理的世界や心理的世界だけではなく、知性的世界をも対象とする戦略だったのです。

一方、経済学・経営学の分野で、この知性的世界の存在である見えないコスト、すなわち知性よって把握されうる「取引コスト」を発見したのは、1992年にノーベル賞を受賞したロナルド・コースや、オリバー・ウィリアムソンたちです。彼らによって、会計上に表れるコストとは異なる、この取引コストが人間の選択行動に大きな影響を与えることが明らかにされました。

ここでは、知性的世界をフルに活用したロンメルの戦い方を紹介するとともに、この知性的世界に存在する取引コストが、ビジネスの世界での戦略行動にどのように影響するのかを紹介してみたいと思います。そして、この知性的世界の存在を認識することなくして、軍事でもビジネスでも効果的な戦略が展開できない、つまり「戦略の不条理」に陥ることを明らかにしてみたいと思います。

## （1）ロンメルの人間像

### 戦争の達人

エルヴィン・ロンメル
BArch, Bild 146-1973-012-43/o. Ang.

「戦争の達人（マスター・オブ・ウォー）」と呼ばれたのは、ドイツのエルヴィン・ロンメル（Erwin J. E. Rommel）以外に存在しません。彼は、小隊から大軍団まであらゆるレベルの軍隊組織の指揮に卓越した能力を発揮しました。また、ロンメルはドイツ国民に人気があっただけではなく、不思議なことに当時の敵国のイギリス人にも人気がありました。

戦争においては、報復が報復を生み、ルールも秩序も無視した残虐な戦いに陥りやすいものです。

こうした中、ロンメルは一貫して戦争法規を守ろうと努めました。そして、そのことをただちに感じとった英国軍もこれに応えようとしました。こうして、人類史上最も悲惨な戦争と言われた第二次大戦中で、騎士道精神がアフリカ戦線に現れたのです。

ロンメルをめぐっては、「戦争の達人」をはじめ、「砂漠の狐」「電撃戦」「幽霊師団」などのたくさんの愛称やメタファーが存在しています。これらの多彩な愛称には、まさにロンメルの戦略の真髄が表現されているのです。このことについて、ここでは紹介してみたいと思います。

## 第一次大戦まで

エルヴィン・ロンメルは、1891年にドイツのシュトゥットガルトの東方ハイデンハイムの町に数学教師の子として生まれました。1910年に彼は士官候補生として歩兵連隊に入隊、その翌年、順調にダンツィヒ士官学校に入学し、卒業後、予定通り歩兵少尉となりました。

1914年、第一次大戦が勃発します。ロンメルは、このとき北イタリアで功績をあげ、これによってプロイセン最高の勲章であるプール・ル・メリット勲章を授与されました。この戦闘で、彼は敵の意表を突く山越えの迂回作戦を鮮やかに展開し、わずかな兵力で１５００人以上ものイタリア兵を捕虜にしてしまったのです。この功績によって、ロンメルは大尉に昇進し、一時的に参謀の職にもつきました。

しかし、その後はパッとしませんでした。ドイツ軍は、伝統的に貴族出身者で固められていたため、貴族出身ではないロンメルには光があたるようなポジションは用意されていなかったのです。

## ヒトラーとの出会い

ドイツは第一次世界大戦に敗れてしまいます。その後、ロンメルはドレスデン歩兵学校の教官となり、そこで１９３７年に『歩兵の攻撃』という本を出版、これがベストセラーとなりました。そして、この本が偶然アドルフ・ヒトラーの目にとまり、ロンメルは１９３９年にヒトラーの親衛隊司令官に任命されることになったのです。

先に述べたように当時、ドイツの上層部は貴族の出身者で固められていましたが、ヒトラーは平民出身者の実力者を見つけて抜擢するという大胆な人事を行いました。そこには、保守本流の正統派人脈を分断して弱体化させようとする意図がありました。こうしたヒトラーの人事政策のもとに、平民出身のロンメルが頭角を現してきたわけです。

１９３９年3月のチェコ侵攻当時、ロンメルは歩兵大佐であり、歩兵の専門家でした。しかし、ポーランド戦の後の１９４０年2月に、彼は突然ヒトラーに頼み込み、第七装甲（戦車）師団長に志願しました。そして、これをヒトラーは受け入れました。

当時、戦車師団の指揮をとりたいと望む将軍は大勢いました。こうした状況で、戦車部隊に一度も属したことのないロンメルを第七装甲師団長に任命するというこの人事に、保守的なドイツ軍将校たちは極めて批判的でした。

しかし、ロンメルは電撃的な西方作戦において自ら前線で陣頭指揮し、敵前線に突破口をあけるという功績をあげました。あの有名な「電撃戦（ブリッツクリーク）」です。こうした活躍によって、ポーランド戦ではまったく目立たなかった第七装甲師団が、ロンメル指揮のもとに華麗に再編され、生まれ変わったのです。

### ロンメルの戦い方

西方戦線が開始された翌日の１９４０年5月11日、マース川を越えてやってきたフランス軍と衝突し、激戦となったとき、ロンメルの才能が発揮されました。彼は、まず伏せて相手を偵察し攻撃するという伝統的戦術はとりませんでした。彼は装甲車を利用して、従来の軍事の常識では考えられない速度で突撃していったのです。しかも、制止することなく、先手を打って徹底的に相手に砲火を浴びせかけるという無謀とも言える積極果敢な戦術を用いました。

さらに、先頭のオートバイ部隊は、常に機関銃を発射できる態勢で前進し、敵発見と同時に射撃を開始する。たとえ、敵の正確な位置が分からなくとも、機関銃や20ミリの対戦車砲を徹底的に撃ちまくる。これが陣頭指揮するロンメルの得意な戦法でした。物理的観点からすると非常に無駄に思えるこの攻撃も、心理的観点からすれば、撃ち続けることによってフランス軍の士気をくじくという効果があることを彼は十分認識していたのです。

そして、ロンメルは自ら部隊と行動を共にして将兵を直接指揮することで、英国軍が無線を一部の戦車と司令部の間でしか使用していなかったのに対し、通信の暗号を可能な限り簡素化し、戦車間無線を駆使して組織内のコミュニケーション・コストを徹底的に節約しました。彼は、兵器の物理的性能以上に、このような情報システムの重要性を知っていたのです。

このような戦術のもと、ロンメルは昼夜を問わずに作戦行動を展開しました。そのため、ロンメル率いるドイツ第七装甲師団は夜間もぶっ通しで快進撃を続け、前へ前へと突進し続けていきました。その神出鬼没の活躍によって、彼の軍隊は「幽霊師団」の名を戦史にとどめました。ロンメル率いるドイツ装甲師団が前進するにつれて沿道に火の手があがり、ドイツ装甲師団の到着を告げるノロシのように炎はフランス北部に広がっていったのです。

## (2) アフリカ戦線でのロンメルの戦略

このようなロンメルの一連の功績は、ヒトラーによって高く評価されました。そして、ロンメルは装甲師団長としてアフリカ戦線へ送り込まれることになるのです。

しかし、この北アフリカ作戦は、ヒトラーにとっては予定外の小さな作戦でした。リビアのイタリア軍があまりにも弱く惨敗していたので、ムッソリーニの立場を守り、また彼の裏切りを抑止するために、ドイツ軍が援護するという程度のものだったのです。それゆえ、もともと大量の軍事資源を投入するつもりはなかったわけです。

こうした不十分な兵力の中、ロンメルは次々に勝利を収めていきました。連戦連勝で戦闘を拡大するロンメルと、それを抑止しようとする参謀本部との間で何度も激しい対立が起こります。このとき展開した彼の戦略は、次のような3つの実在世界を対象とする新しい立体的大戦略だったのです。

## 物理的世界での直接アプローチ

ロンメルの戦い方の特徴の１つは、陸軍の戦いに海軍の戦い方を徹底的に応用する点にありました。

彼は、海戦において、射程の長い大砲を持つ戦艦が必然的に優位に立つことを知っていました。このことは、砂漠でもまったく同じだと彼は考えていたのです。このような海軍式の戦法を応用することに反対の陸軍参謀たちに対して、彼は「戦争に趣味や規則は必要ない。必要なのは必ず勝てる手段を発見して実行することだ」と言って説得しました。

彼は、具体的には敵戦車の砲撃用に、威力の大きい88ミリ高射砲を利用しようとしました。防空用である高射砲は本来、水平射撃ができる構造になっていません。しかし、彼はこれを何とか工夫させ、最終的に水平に射撃できるように改良させたのです。

結果的に、このドイツ軍の88ミリ砲は砂漠での戦いに非常に効果的でした。高射砲が、英国軍の戦車を貫通してバターのように溶かしたのです。この88ミリ砲による攻撃こそが物理的世界におけるロンメルの直接アプローチ戦略でした。

## 心理的世界での間接アプローチ

しかし、アフリカ戦線でのロンメルの戦略は、このような物理的世界におけるイノベーションと力の行使だけではありませんでした。彼は、力を行使する前に英国軍の心理的世界に対して間接アプローチで攻め立てたのです。

アフリカ軍団の司令官として、１９４１年2月12日にリビア戦線に着任するやいなや、トリポリに戦車工場をつくり、ニセ戦車を数多く生産させました。それは、フォルクスワーゲンに木枠を載せ、カンバスで擬装したものでした。そして、これを各所に配置して、英国軍を牽制したのです。ニセ戦車は、遮蔽物《しゃへいぶつ》のない砂漠では非常に大きな効果を発揮し、これによって英国軍は心理的に攪乱され、動揺しました。

また、ある戦いでロンメルは、戦車隊を隊列の先頭におき、その後に砂煙を立てるだけの役割を果たす車を配置することも試みました。英国軍に「戦車の大軍襲来」と思いこませる砂塵は、実は飛行機のエンジンを載せた大型トラックがほうきや鎖を引きずって巻き上げたものだったのです。このような作戦を展開したために、彼は「砂漠の狐」と呼ばれました。

ロンメルは常々、こちらの兵力が多いと敵に思わせることが心理的に非常に効果がある作戦であると部下に語っていました。それゆえ、彼は、リビア戦線に着任１か月後の3月に、

図表１　価値関数

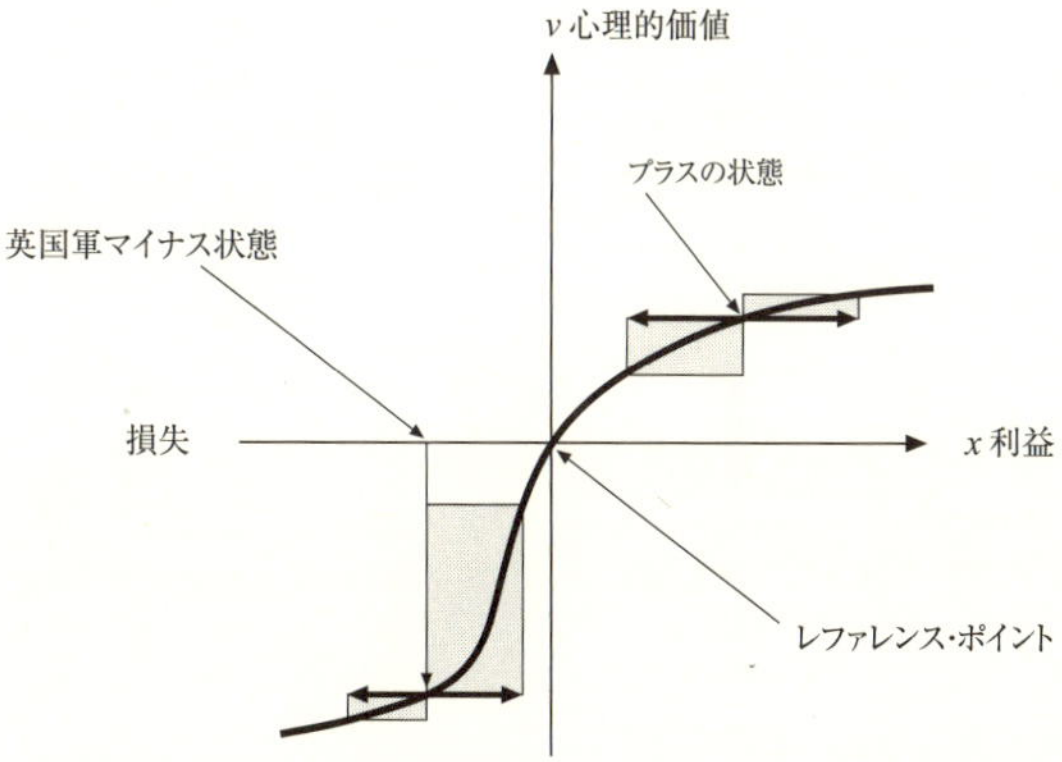


トリポリで戦車部隊のパレードを大々的に行ってみせました。当時、ドイツ軍の主力がいまだアフリカに到着していなかったにもかかわらず、パレードの戦車の数は膨大なものでした。実際は、同じ戦車が何度も回っていただけだったのです。地元住民にまぎれたスパイに見せつけて欺くためだったと言われています。

このように敵より兵力が多いと見せかける戦略は、行動経済学的に言えば英国軍を予想外にマイナスの心理状態に陥れるものです。このような心理状態では英国軍はリスク選好的な心理状態に陥り、効率性を無視しても戦い急ぐことが心理的には合理的となります。つまり、図表１のようにマイナス状態では、戦いをしかけて大幅に敗北しても心理的価値の減少はほとんどないけれど、逆にわずかにでも勝利感を味わうと心理的価値は大幅に高まることになるので、たとえ戦闘準備が不十分であっても戦い急ぐような心理状態になるのです。

結局、戦い急いだ英国軍に対し、ロンメルは正面から戦って敵を火力で破壊し、力で殺傷するような作戦はとりませんでした。代わりに、機動部隊による奇襲や迂回攻撃、側面攻撃によって敵の補給線、とくに燃料集積所や給水タンクを鮮やかに攻撃して、敵の戦闘意欲を無力化してしまう方法をとったのです。このように、ロンメルは〝ハード・キル〟ではなく、〝マインド・キル〟の天才だったのです。そして、これが、心理的世界を対象とする間接アプローチでした。

## ロンメルの新しい間接アプローチ

さらに、ロンメルは他のどんな将軍とも異なり、戦闘前のイメージ戦略にも非常に強い関心を示していました。それは知性的世界を対象とする新しい間接アプローチでした。こうしたイメージ戦略は部下たちに対してだけではなく、敵に対しても効果的であることを、彼は比較的早い時期からはっきりと認識していたのです。

彼は、いつもかっこよく振舞おうとし、常にカメラマンの一団を同行させていました。ロンメルに関する劇的な写真は、実はすべて演出されていました。もともと彼にはカメラの趣味があり、効果があがるようにポーズをとっていたのです。

こうした認識のもとにロンメルは部下の士気を高め、しかも敵にドイツ軍は強いというイメージを植えつけるために、どんなに小さな戦いでも勝てる戦いに異常にこだわっていました。勝利の機会を増やせば必ず部下の士気は高まり、自信がつく。だから、彼は敵が少しでも優勢であったり、危険を察知したりした場合には決して戦うことはありませんでした。勝てる小規模な戦いだけを続け、かたちの上でドイツ軍の連勝、英国軍の連敗となる戦法をとっていたのです。そして、彼の思惑通り、「ロンメルのドイツ軍は強い」といった観念が敵・味方の間に形成されていったのです。

このような固定観念がいったん形成されてしまうと、ロンメルが攻撃してくるという噂が流れただけで、敵は最初から弱腰になりました。はじめから、勝てないという気持ちにさせていたのです。たとえば、ロンメル率いるドイツ軍がアレキサンドリアに迫ったとき、「ロンメルが来る」というニュースが流れ、それを聞いた英国艦隊はもはやスエズ運河の運命は決まったと思い、すぐに退散しました。そして、市民もまた逃げました。アレキサンドリアの守備隊が重要書類を焼き払い、弱気になったからです。

### ロンメルの騎士道精神

このようにロンメルはいろいろな奇策を展開しましたが、戦争法規にしたがって戦おうと努力している点で、彼の戦い方は一貫していました。道徳の観念までも破壊されてしまう戦場で、彼は常に騎士道精神を忘れずに戦争法規にしたがってクリーンな戦闘を遂行しようとしたのです。

その変幻自在の戦いぶりと騎士道的な振る舞いが、敵である英国兵士を魅了したのです。ロンメルが戦争法規を守ろうとしていることを英国軍の兵士たちもただちに感じ取り、これに応えようとしました。

そのうち、英国軍兵士の中に、ロンメルに憧れる者まで出てきました。「ロンメル・ライク（ロンメルのように）」という言葉も英国軍内で流行《はや》りました。「戦術・戦略と騎士道精神を結びつける将軍」、あるいは「戦場の聖者」「人道的な将軍」として、敵兵や敵国民の関心を集めたのです。

他方、英国首相チャーチルも、ロンメルと同じく、この知性的世界で戦っていました。チャーチルは意図的にロンメルを過大評価しようとしていたとも言われています。ロンメルとその軍隊の強さをあえて強調することによって、米国からの軍事援助を引き出すとともに英国軍を叱咤激励し、ついにロンメルを打ち負かした暁には英国軍の強さを証明して自賛するのに役に立つと考えていたのです。

## （3）ロンメルの悲劇的最期

### ロンメル軍の限界

以上のように、アフリカ戦線においてロンメルは、物理的観点からすれば常に兵力的に劣勢でした。それにもかかわらず勝ち続けることができました。彼の活躍は、まさに新しい戦略のたまものだったのです。彼は、従来の物理的世界に対する直接アプローチや心理的世界に対する間接アプローチだけではなく、知性的世界に対しても間接アプローチを展開していたのです。

しかし、１９４２年10月23日に、英国軍が圧倒的な戦力でドイツ軍に総反撃を開始しました。そしてついに、北アフリカの砂漠で、装甲機動戦の申し子であったロンメルは、自らの描いた装甲機動戦のヴィジョンの実現を阻む英傑に敗北することになります。その英傑とは、「石橋を叩いて渡る男」として有名な英軍将軍モントゴメリーでした。

しかし、ロンメルの敗因は彼の戦略や戦術にあるというよりも、一方で英国の戦力と補給が巨大化し、他方で彼の戦略や戦術が適用できないほど、独ソ戦でドイツが完全に消耗し、補給が続かなくなったことにありました。

## ヒトラーとの確執

補給のないアフリカ戦線のドイツ軍には、もはや勝ち目がないとロンメルは判断しました。彼は、ヒトラーにアフリカからのドイツ軍撤退の許可を求めました。しかし、ヒトラーは勝利か死か、それ以外にない、と冷酷にもロンメルの申し出を斥けました。このとき、ロンメルは「総統は犯罪者だ。祖国ドイツが壊滅するまで戦うつもりか」と怒り、独断でドイツ軍の退却を命じたのです。

その後、ロンメルは病気を患い、ドイツで療養していましたが、再び戦線に復帰します。1944年、ヨーロッパ戦線はすでに最終局面に入っていました。一方でソ連軍が東から迫り、他方で英米軍がノルマンディーに上陸していたのです。フランス戦線に転進していたロンメルは、この戦争でも勝ち目はないと判断していました。それゆえ、彼は西部戦線最高指揮官会議で再び、勇敢にもヒトラーにドイツ軍の退却を訴えました。

しかし、ヒトラーは、このロンメルの主張に激怒します。２人が会ったのはこれが最後でした。連合軍のノルマンディー上陸の際に、司令官として指揮にあたったロンメルは、この戦いで重傷をおって戦線を離脱します。

## ヒトラー暗殺計画とロンメルの最期

ロンメルの人生は、ヒトラーによって評価され、昇進を重ねる人生でした。しかし、ロンメルは常に政治から一定の距離を置いていました。だから、彼は生涯ナチス党に入党することはありませんでした。また、彼は家族をヒトラーやナチス幹部に会わせることもしませんでした。彼は家族を大切にしていました。前線にあったロンメルは、妻に千通もの手紙を送ったと言われています。

１９４４年７月20日、ヒトラー暗殺未遂事件が起こります。摘発された抵抗運動グループの計画の中に、ヒトラー後の指導者としてロンメルの名前が挙げられました。そのため、ロンメルによる戦争終結の画策の一環ではないかとの疑義が持たれました。

この疑義から、10月14日、ヒトラーの使者がロンメルを訪れました。もし服毒自殺をはかるならば、家族や部下には一切手を出さないことを使者は約束しました。ロンメルは、自宅から約300メートル離れた林に車を止め、使者から渡された薬を服《の》んで、自害しました。

このことは、ドイツ国民に知らされることはありませんでした。死因は「戦傷」によるものとして、ロンメルの葬儀はドイツで国葬として執り行われたのです。葬儀には、ヒトラーからの花輪が捧げられました。戦争の達人ロンメル将軍の悲しい最期でした。

## (4) 知性的世界の経営戦略と「戦略の不条理」

### 取引コストの実在性

ロンメルが新しい次元の戦略として利用した知性的世界、つまりイメージ、固定観念、知識、技術、権利などの概念からなる世界は、今日、ビジネスの中心的対象として注目され、経済学や経営学分野でもその存在感を急速に増しています。

これらの世界は手で触れることもできませんし、人間の五感で感じることもできません。また、心理的な世界のように主観的なものでもありません。何よりも、その存在にわれわれ人間は誰でもアプローチでき、誰でもその存在を理解できるのです。この意味で、客観的な世界です。

このような知性的世界の存在として見えないコスト、すなわち「取引コスト」を発見し、それが人間の行動に大きく影響することを説明したのは、1991年にノーベル経済学賞を受賞したロナルド・H・コースや、オリバー・E・ウィリアムソンたちです。

ウィリアムソンによれば、人間は新古典派経済学が仮定しているように完全合理的ではなく、限定合理的であるとします。人間は情報を完全に収集、処理、伝達できず、限られた情報の中でのみ合理的に行動しようとするものと見なすわけです。しかも、人間は、隙あらば、たとえその行動が悪徳的であろうとも、自己利益を追求しようとする機会主義的な存在でもあるとします。

このように、もしすべての人間が限定合理的で機会主義的であるならば、互いに知らない者同士が市場取引を行う場合、相手の不備につけ込んで、機会主義的に自分に有利になるような駆け引きをする者が現れてきます。すると、相手にだまされないように事前に相手を調査し、弁護士を雇って正式に取引契約をかわして契約後も履行を監視する必要がでてきます。文房具などのような安価なものを取引する場合はともかく、土地や建物などの不動産取引では非常に激しい駆け引きが展開されるものです。駆け引き次第では、価格が大きく変動するからです。

このように、交渉取引には多くの無駄な時間や労力が使われる可能性があり、このような非効率性のことを「取引コスト」と呼ぶのです。この取引コストをわれわれ人間は、交渉・取引前に正確に測定し数値化することができません。しかし、そのコストの発生を事前に漠然とでも把握し、イメージする能力は、誰もが持ち合わせているのです。

もちろん、取引コストは会計報告書に記載されうる費用ではありません。それは計測が難しく、目に見えないものです。しかし、経営者は会計的に計上されるコストとともに、この取引コストも意識してマネジメントを行っているものです。

このように、取引コストは人間の五感によって明確に認識されるものではなく、人間の知性によって把握されうるコストであり、それはわれわれが抱く固定観念やイメージや知識と同様に、ポパーの言葉で言えば「世界3」、つまり知性的世界の存在なのです。

## 取引コストの原理

取引コストが、ビジネスの世界で人間行動にどのような影響を与えるのかを、簡単な事例を用いて説明してみたいと思います。

日本のメーカーA社と、日本の部品メーカーB社との間に取引があるとします。B社は納期を必ず守り、品質も優れているため、A社はB社に全幅の信頼を置いています。しかし、部品1個当たりの値段は比較的高いものとしましょう。

こうした状況で、ある日、東南アジアの見知らぬ部品メーカーC社から、B社の部品単価よりもはるかに安い値段で供給できるという打診があったとします。A社はB社との取引を継続すべきでしょうか。それとも単価の安いC社と新規契約をかわすべきでしょうか。

物理的世界の観点からすると、B社よりC社の方が部品の単価が安いので、A社にとって合理的な選択はC社との取引となります。しかし、A社はこの取引をめぐって、すぐに知性的世界の住民である「取引コスト」の存在を認識するでしょう。このとき、A社はB社との取引にはほとんど不確実性がないし、相互に駆け引きもほとんど起こらないので、取引コストの発生をイメージしません。

これに対して、C社との取引を新たに開始する場合には、事前にC社の製造能力を調査する必要があります。また、C社との正式な契約のほか、その後もC社による契約履行を監視する必要があり、それゆえ多大な取引コストが発生することをイメージするでしょう。もしかしたら掛け捨ての保険に入る必要が出てくるかもしれません。この取引コストの大きさを認識してしまうと、最終的にA社にとってC社との取引には非常に大きなコストがかかってしまうという結論に至るでしょう。

このように、たとえC社の部品の単価がB社のそれより安くても、C社との取引で発生する「取引コスト」があまりにも大きいとイメージされた場合、A社はB社との取引の継続を選択することになるでしょう。それは、物理的世界の観点からすると、非合理的な選択に見えるかもしれませんが、知性的世界の存在である取引コストをイメージすれば、それはきわめて合理的な選択による行動であるといえるのです。

## 知性的世界と戦略の不条理

このような取引コストが存在する世界では、新古典派経済学に従って競合企業よりも価格を安くし、かつより性能の優れた新製品を開発しても、また、行動経済学に従い、消費者を何らかの方法によってリスク選好的となるマイナスの心理状態に追い込んだとしても、消費者が自社製品を購入してくれる保証はまったくありません。というのも、競合企業の製品から自社製品への買い替えに際して、消費者は重い取引コストの負担をイメージする可能性があるからです。

この取引コストがあまりにも大きい場合、人間は合理的に考えてあえて非効率的な状態や心理的価値が低い状態に留まろうとする可能性があります。それは、物理的観点からすれば、きわめて非効率的な行動かもしれません。しかし、心理的観点からすると、非常に不満が残る心理状態かもしれません。しかし、知性的世界の観点からすると、それは非常に合理的な行動なのです。

たとえば、ある企業の経営者がより効率的な生産活動を展開するために、物理的により性能の良い機械設備の導入について検討しているとしましょう。しかも、いま景気が悪く、予想以上に企業の経営状態も悪い状況にあり、心理的にマイナスの心境に経営者があるとします。この場合、この経営者がより性能の良い機械を購入し、新しい機械設備を導入することは、新古典派経済学的により効率的であるとともに、それによって少しでも効率的になれば心理的価値も大幅に高まるので、行動経済学的にも合理的な行動です。

しかし、取引コスト的には、新しい機械設備の導入が合理的ではない可能性があります。というのも、導入によって生産が効率化されると、多くの従業員が解雇される可能性が出てくるからです。そうすると、従業員が猛烈に反対し、多大な交渉・取引コストが発生する可能性もあります。それゆえ、現状に留まることが合理的となる可能性もあるのです。

現状が非効率的であると分かっていても、人間の知性は取引コストの存在をイメージしてしまうために容易に移行することはできません。言い換えれば、移行しない限り取引コストは発生しないので、現状にわずかでもメリットを感じさえすれば、非効率的で不満足な現状に留まろうとする慣性が働くわけです。

したがって、物理的世界の観点からすると、QWERTYキーボードは非効率的な文字配列であるにもかかわらず、新しい効率的な文字配列に移行する場合、パソコンユーザーは多大な取引コストをイメージするために、いまなおQWERTYキーボードに留まっているのかもしれません。これは、VHSやウインドウズや日本語ソフトのワードについても、同様のことが言えると思います。

以上のように、経営戦略上、この取引コストの実在性を無視すると、企業は戦略の不条理に陥る可能性があります。物理的世界を対象として、どれだけ安価でどれだけ品質の良い製品を作ったとしても、あるいは人間の心理的世界を対象としてどれだけ顧客の心境をマイナスの心境に追い込んだとしても、知性的世界の取引コストが大きい限り、人々を自社製品に引きつけることはできないのです。

# 第6章　「戦略の不条理」回避のメカニズム

## （1）キュービック・グランド・ストラテジー

これまで、世界は物理的世界、心理的世界、そして知性的世界から構成されているというカール・ライムント・ポパーの多元的実在論にもとづいて、それぞれの世界で展開されうる軍事戦略と経営戦略について各論的に説明してきました。

ここまで述べてきたように、もし特定の世界だけを対象とするような戦略を展開し、他の世界の実在性を無視するならば、そのような企業は「戦略の不条理」に陥り、合理的に淘汰される可能性が高まります。というのも、ある組織が、特定の世界を対象とする戦略だけを合理的に追求しても、3つの世界のうちの少なくとも他の1つの世界が別の方向に変化した場合、その変化に対応できず、組織は合理的に淘汰されてしまう可能性があるからです。

このような「戦略の不条理」、つまり特定の世界ではきわめて適合的な生存行動が他の世界では不適合となって淘汰されてしまうような事態を避けるためには、これら3つの世界の実在性を明確に認識し、それぞれの世界を対象として1つの直接アプローチと2つの間接アプローチを立体的に展開していく必要があります。

図表１　キュービック・グランド・ストラテジー

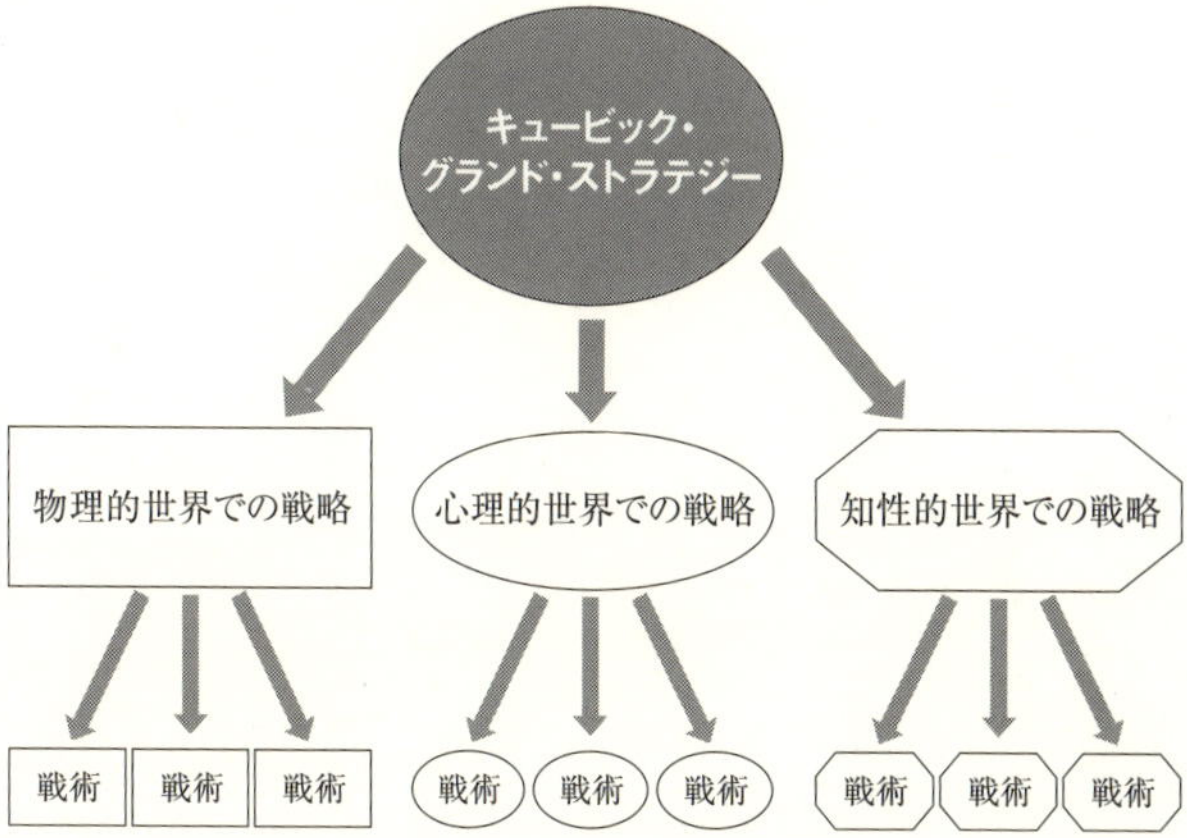


こうした多元的戦略こそが、現代のような多様化し、複雑化した時代に必要とされる戦略思考なのです。そして、このような戦略は立体的大戦略、すなわち「キュービック・グランド・ストラテジー（Cubic Grand Strategy: CGS）」と呼ぶことができると思います。この戦略によって、「戦略の不条理」を回避することができるのです。

ここでは、このキュービック・グランド・ストラテジーのもとに３つの世界のそれぞれを対象として展開されるアプローチを「戦略」と呼び、さらにその戦略をより具体化する方法を「戦術」と呼ぶことにしたいと思います。そして、それを実行する方法のことを「作戦」と呼ぶことにしましょう。

以下、このCGSのイメージをより鮮明に理解してもらうために、いくつかの軍事的事例を見ていきたいと思います。とくに、ここでは、古代ローマを苦しめたカルタゴの天才的戦略家ハンニバル、18世紀にヨーロッパを征服したナポレオンの事例を紹介し、最後に『孫子』の兵法もまたCGSであったことを述べてみたいと思います。そして、これらの事例からCGSをめぐる基本原理を改めて抽出していくことにしましょう。

## (2) ハンニバルのキュービック・グランド・ストラテジー

さて、軍事戦略の天才という名のもとに、各国の陸軍士官学校のテキストに必ず出てくるのが、ハンニバルです。彼は、金目当てで忠誠心など全くない傭兵たちを心服させ、ローマをあと一歩で滅亡というところまで追いつめました。

ハンニバルは傭兵たちと同じ粗衣、粗食でのぞみ、戦いでは常に先頭に立ち、奪った財宝は惜しみなく彼らに分け与えました。傭兵たちのハンニバルに対する敬愛の念は深く、疲れ切った彼が木陰で仮眠しているとき、兵士たちは彼を起こさないように静かに、しかも大きく回って通ったという逸話が残っています。

しかし、優れていたのは彼の統率力だけではありません。彼の戦略と戦術も卓越したものでした。軍師ハンニバルの戦略と戦術については今日、様々な解釈がなされていますが、ここではキュービック・グランド・ストラテジー（CGS）の観点から説明してみたいと思います。

## ハンニバルとは

ローマは、BC272年に周辺の都市国家を従え、イタリア半島を統一しました。当時、ローマは海外へ勢力を伸ばす計画をもっていませんでした。しかし、ある事件を通して、シチリア島の向こうにある強国カルタゴ（現在のアフリカ大陸北部）と戦うことになります。

ハンニバル

その事件とは、シチリア島のシラクサ王国アガトクレス王の傭兵であったイタリアのマメルティーニ軍団が、王の死後、ギリシャ人の植民地であったメッシーナ市を占領し、市民を虐殺したことに始まりました。

これに怒ったシラクサ王ヒエロン二世はマメルティーニ軍団の討伐にでたのです。それに対して、マメルティーニ軍団はまずカルタゴに助けを求めました。そして、これに応じてカルタゴ軍が来援してきたのですが、メッシーナを援護するどころか、逆に占拠・支配してしまったのです。

このカルタゴの行動に不満をもったマメルティーニ軍団は、今度は同じイタリア人としてローマに援軍を求めました。ローマは、カルタゴとの戦いに発展することにためらいを示しながらも援軍を送ることにしたのです。こうして、BC264年にシチリア島をめぐってローマとカルタゴとの間に第一次ポエニ戦争がはじまるわけです。

当時、ローマは陸軍国であり、海戦の経験はありませんでした。他方、カルタゴは海軍国でした。このような状況であったにもかかわらず、ローマは苦戦しながらも持ち前の組織力でカルタゴを撃破、シチリア島を属州とし、カルタゴの領土であったサルディニア島とコルシカ島を奪いとって、制海権も確保しました。

この第一次ポエニ戦争におけるカルタゴ軍の将軍がハミルカル・バルカスであり、その長男がハンニバルだったのです。そして、第一次ポエニ戦争後、ハミルカルはカルタゴのイスパニア（現スペイン）植民地の統治を任されました。このとき、ハミルカルはハンニバルを神殿に連れて行き、「生涯ローマを敵とする」と誓わせ、ハンニバルとともにイベリア半島に渡り、原住民を鍛えて祖国カルタゴの再建を目指しました。そして、ハミルカルの死後、イスパニア軍を指揮する将軍となったのが、若きハンニバルだったのです。カルタゴの再軍備が完了すると、ＢＣ２１８年、カルタゴ共和国のイベリア総督となった27歳のハンニバルは、長年の敵であるローマ攻略に踏み切ります。これが、イタリア半島を17年間にわたって戦争の嵐に巻き込む第二次ポエニ戦争の始まりでした。

**心理的世界での戦略**

当時、イスパニアのイベリア半島からイタリア半島に渡るには、次の３つの方法がありました。

①海路地中海を東航する方法、②リグリア海沿岸の陸路を東進する方法、③ピレネー・アルプスを越える方法。

このうち、ハンニバルが選んだ方法は、ローマ人が絶対にありえないと思っていた最も困難な③でした。彼は、この難関を突破することによって心理的にローマ人の意表を突き、パニックに陥れることができると考えました。つまり、これは心理的な戦略だったのです。

一方、ローマ軍はハンニバルの攻撃を予想し、イベリア半島での戦闘を想定して準備を進めていました。ローマの戦略は、一方でシシリー島を経由して海路カルタゴ本国を突き、他方で海路でマッシリア（現マルセイユ）に上陸し、東進するハンニバルを撃破してイベリア半島を攻略するというものです。これはきわめて軍事面で合理的な作戦でした。

しかし、アルプス踏破というハンニバルの天才的な作戦の前に、この作戦は完全に空振りに終わってしまいました。言うまでもなく、ハンニバルにとってアルプス越えは多大な困難を伴いました。戦象、騎馬、大量の兵站《へいたん》を伴う大部隊が道なき道を進み、15日間の苦難の末、アルプス山脈を越えて、ロンバルディア平野に降り立ったのです。その時の兵力は歩兵２万、騎兵６０００、戦象は数頭であり、イベリア半島出発時の３分の１にまで減少していたと言われています。

しかし、この攻撃にローマ軍は完全に意表を突かれました。アルプス越えなど絶対に不可能だと高をくくっていたために、準備は不十分でしたし、何よりもハンニバルの行動に心理的に大きな混乱に陥ってしまったのです。

行動経済学的にいえば、予想外にマイナスの心境に陥ったローマ軍はその後リスク選好的な心理状態になり、効率性を無視したようなハイリスク・ハイリターンの戦いを繰り広げていきました。つまり、図表２のように、マイナス状態では戦いをしかけて敗北しても心理的価値の減少はほとんどなく、逆に勝利すると心理的価値は大幅に高まるので、たとえ戦闘準

図表2

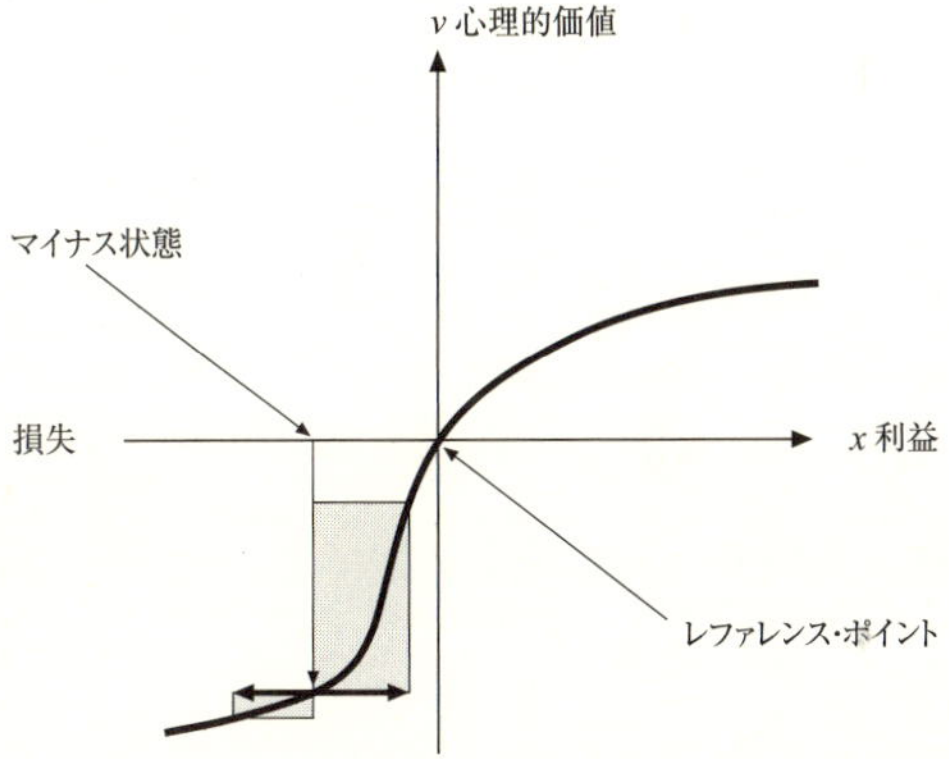


備が不十分であっても戦い続けようという心理状態になったのです。

こうして、ハンニバルのアルプス越えから1年の間に、ローマは入念に戦略を展開することなく「ティキニス河畔の遭遇戦」、「トレビア河畔の戦い」、「トラシメヌス湖畔の戦い」で次々と完敗し、約11万人もの死者を出してしまうことになるのです。

さらに、ハンニバルの心理的なアプローチは敵に対するものだけではなく、部下の将兵に対しても展開されていました。

ローマ軍と戦う前に、兵士たちに円陣を作らせ、そこに2人のガリヤ人捕虜が投げ込まれます。2人には武器が与えられ、カルタゴ兵が見守る中、どちらかが息絶えるまで戦い続けるのです。やがて、決着がつき、敗者は死によって苦痛から解放され安楽を得、勝者は十分な看護を受けた後、莫大な財貨を与えられて故郷に送り返されました。こうしてハンニバルは、兵士たちにローマに勝って財宝を得るか、死んで安楽を得るか、敗れてローマの捕虜となり奴隷として一生を送るかといった将来に対する暗示を与え、兵士の戦意を高揚させていったのです。

### 物理的世界での戦略

しかし、ハンニバルの戦略は心理的な効果だけを狙う一元的なものではありませんでした。彼の軍隊は、基本的に非常によく鍛えられた精強な軍隊だったため、正攻法による新しい戦略も駆使することができたのです。彼はイベリア半島で鍛え上げた軍隊のうち、一部をカルタゴ本国とイベリア半島の防衛に当て、自ら5万の歩兵と騎兵9000、戦象30頭を率いてローマを突くという戦略を展開しました。

とくに、ハンニバルが率いていた部隊の中でも、騎馬隊は非常に優秀でした。彼はこの騎馬隊の特性を戦術的に非常に有効に使いました。当時、軍事の常識では、歩兵は歩兵同士、騎兵は騎兵同士で戦うのが定石でした。それゆえ、同じ者同士で戦うことになるので、どうしても質よりも量がモノを言うことになっていたのです。したがって、陸戦では兵士の数が多いほうが圧倒的に有利だったのです。

ところが、この常識を覆したのがハンニバルでした。彼は、自軍の騎兵が機動力やスピードに優れていることに着目し、それを最大限に生かすために、騎兵をそのまま敵の騎兵にぶつけるのではなく、敵の歩兵の背後に回って歩兵を攻撃させたり、敵陣を分断して敵軍が乱れたところへ歩兵を投入し、包囲殲滅させたりしたのです。その典型的な戦いが、ローマの大軍を打ち破ったカンナエの戦いです。それは、軍事史上、例を見ない完璧な包囲殲滅戦でした。

当時、ローマ連合軍には動員可能な戦力が75万ありましたが、このハンニバルの戦術の前に一時壊滅状態に陥りました。数がモノをいう陸戦において大軍ローマは何度戦ってもハンニバル軍に勝利することができなかったのです。ローマ軍は翻弄され、何度も敗北しました。完全にハンニバルの戦略的かつ戦術的な勝利でした。

### 物理的世界でのもう1つの戦略的意図

さらに、この物理的世界でのハンニバルの戦いには別の戦略的意図がありました。彼は、ローマが支配している諸国を寝返らせて、自軍に引き入れて勝利を獲得しようとしていたのです。

たとえば当時、ハンニバルはギリシャの支配権をめぐりローマと争っていたマケドニア王国と同盟を組んで、ローマを攻撃しようと考えていました。また、ローマの圧政に苦しむガリア諸国を寝返らせたり、ローマに征服されているイタリア半島の諸都市を離反させて同盟を結び、イタリアでの攻撃の拠点としたりすることも考えていました。さらに、もともとカルタゴの同盟国であったシチリア島のシラクサ王国をローマから離反させて同盟を再結成することまで戦略的に目論んでいたのです。

しかし、ローマの支配下にある国々を離反させ、同盟を再形成するための交渉・取引コストはあまりにも大きいものでした。そこで、そのコストを節約するために、ハンニバルはあえてローマ市でローマ軍と戦うようなことはしませんでした。彼は、戦略的にイタリアの各地方でローマ軍と戦い、目の前で直接ローマ軍を壊滅させるという作戦をとったのです。というのも、強さを顕示することでそれぞれの地方を心服させることによって、交渉・取引コストは節約され、多くのローマ同盟国が寝返ってくれると考えたからです。

## ハンニバルの誤算とその最期

しかし、彼の読みは当たりませんでした。結論から言えば、ハンニバルは物理的世界での直接アプローチ、心理的世界での間接アプローチには成功しましたが、知性的世界での間接アプローチ戦略には完全に失敗したのです。

75万のローマ軍に、アルプス越えで3分の1に減った2万6000のハンニバル軍が対抗するためには、最終的にローマ同盟諸国をローマ連合から離反させる必要がどうしてもあったのです。そして、そのために、各地でハンニバルは自軍の強さを見せつける必要がありました。

しかし、彼の予想を裏切り、ローマ連合組織の絆は予想以上に強かったのです。ローマが時間をかけてつくり上げた大組織は、揺らぐことはありませんでした。イタリア半島の同盟諸国は市民権の拡大や街道の整備などにより、特殊な資産が形成されて完全に組織化されていました。こうしてローマと運命を共にしていたわけです。彼らは、あえてローマから離れて寝返るには、移行のための多大なコストが発生するような状況に置かれていたのです。

結局、ローマはハンニバルとの決戦を避け、戦略的観点から戦争を意図的に長期化していくことになります。こうした状況で、ハンニバルと同じ戦略と戦術を駆使する将軍がローマから登場することになります。その将軍とは、スキピオです。

スキピオは、若い時にティキヌス、トレビア、カンナエとローマ軍が敗北を重ねたハンニバルとの戦いを何とか生き延び、その経験の中でハンニバルの天才的用兵を学びました。スピキオは、機動力のある騎兵で鈍重な歩兵を攻撃し、逆に歩兵が騎兵を攻撃することの有効性を理解していたのです。

スキピオはカルタゴ・ノヴァを攻略し、さらにBC202年にはカルタゴに侵攻、ザマの戦いでハンニバル軍を破りました。その戦い方は、かつてローマ軍がカンナエで敗れた戦法と全く同じ包囲殲滅作戦でした。

その後、スキピオとハンニバルとの間に講和条約が結ばれ、長きにわたって繰り広げられた第二次ポエニ戦争も終わりを告げます。カルタゴにいたハンニバルは暗殺の手がのびてきたために、その後シリアに亡命しました。そして、シリアから小アジアへと転々とし、最後に毒を服んで、自らの命を絶ちました。「このへんで、ローマを安心させてやろうか」。これが彼の最後の言葉だと言われています。

以上のように、ハンニバルはキュービック・グランド・ストラテジーの観点から、心理的世界での戦略、物理的世界での戦略、そして知性的世界での戦略を体系的に考案し、そのもとでさまざまな戦術を駆使して作戦を遂行しようとしました。しかし、結果的には同盟の離脱にともなって発生する知的世界のコスト、つまり取引コストを節約できなかったため、ローマ支配下の都市国家を離反させることができなかったのです。

しかし、ハンニバルの本当の失敗はそこにはありませんでした。ローマ軍の戦略や戦術の変化に対応して、彼のキュービック・グランド・ストラテジーの内容を絶えず修正し、進歩させる必要があったにもかかわらず、変化させることなく硬直化させてしまった点にあったのです。そのため、彼の戦略は時間の経過とともにローマ軍に学習され、完全に真似されてしまい、最終的に敗れてしまったわけです。

### (3) ナポレオンのキュービック・グランド・ストラテジー

さて、ハンニバル同様、軍事の天才と呼ばれているもう1人の人物がナポレオンです。彼の軍事戦略の特徴はどこにあったのでしょうか。彼は、軍事において機動力が、直接的な攻撃以上の効果を発揮しうることを知っていた卓越した戦略家でした。そして、何よりも彼は、物理的世界、心理的世界、知性的世界を対象とする戦略を華麗に操る戦略家でもあったのです。

### ナポレオン──栄光への道

ナポレオン・ボナパルトは、１７６９年8月15日コルシカ島の下級貴族・ボナパルト家の第四子として出生しました。１７７９年に、彼はフランス陸軍幼年学校に入学してさらにパリ士官学校を開校以来最速の１年で卒業し、少尉に任官しました。

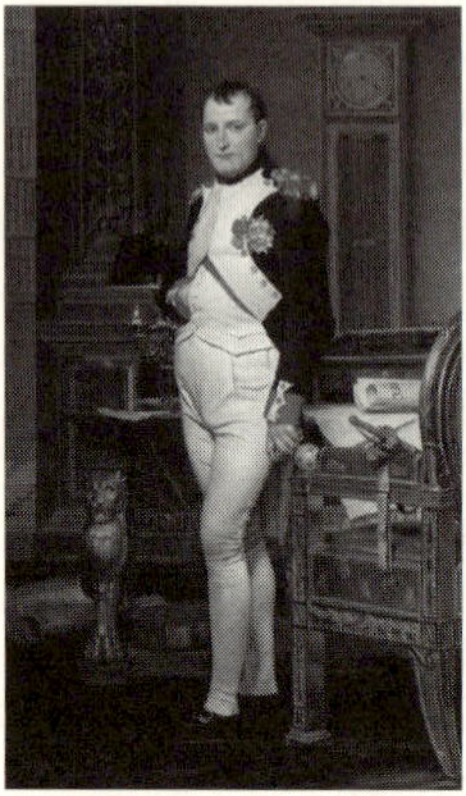
ナポレオン

当時のフランスは、ブルボン王朝の下で絶対王政が敷かれ、第三身分の平民は政治的権利を厳しく制限されていました。そこで、平民たちは自分たちの議会として「国民議会」を発足させます。

そして、この国民議会を正式な議会として承認し、憲法を制定することを国王に要求しました。国王ルイ16世は、事態を収拾するためにこれを承認しますが、王族と宮廷貴族が反対し、平民に圧力をかけるために、軍隊をパリとベルサイユに集結させることを国王に強要します。

しかし、パリ民衆の運動はおさまらず、旧体制の象徴であったバスティーユ監獄が１７８９年7月14日早朝に襲撃され、フランス革命の口火がきられることになるわけです。

こうした政治的混乱の中、１７９１年、国王ルイ16世の国外逃亡が発覚し、国王は逮捕され、結局、裁判の後に処刑されました。

これに対して、当時、ヨーロッパの絶対君主体制を堅持していた強大な諸外国は自由市民革命の理念が自国に波及することを恐れ、相次いでフランスへ侵攻しました。しかし、フランスの自由市民は革命を成就させるために、自ら武器を手に取り、自由と祖国を諸外国から守るために立ち上がったのです。

このとき、ナポレオンは革命政府側につき、１７９３年にトゥーロン攻囲戦での卓越した砲兵の指揮が認められて、少佐に昇進します。さらに、トゥーロン港からイギリス・スペイン艦隊を排除すると、異例の３階級昇進を遂げ、准将となって将軍の地位に昇りつめました。

しかし、１７９４年に革命政府内ジャコバン派のロベスピエールらが失脚すると、彼らに支持されてきたナポレオン自身もまた拘束され、将軍職を解任されてしまいます。ところが、１７９５年にイギリスに支援された王党派が革命派に対して攻撃を仕掛けると、再びナポレオンは革命派の鎮圧軍司令官に抜擢されます。

その後、ナポレオンはイタリア方面軍司令官として活躍し、対英作戦のエジプト遠征でも勝利します。そして、フランス本国が危機に晒されると、１７９９年10月に帰国しました。

帰国後、ジャコバン派失脚後に実権を掌握していた総裁政府が内部分裂し、一部が王党派と王政復古計画を開始したため、ナポレオンは総裁政府に対し、クーデターを仕掛けて成功し、自ら第一統領となって統領政府を樹立することになります。

1800年、再びイタリアのオーストリア軍を撃滅するために、奇襲のアルプス越えを行い、オーストリアによるイタリア支配を終わらせました。そして、1802年には、イギリスとの間に和平条約を締結します。さらに、ローマ法王との政教和約にも成功し、8月には国民投票により圧倒的支持を得て終身統領となりました。2年後の1804年には再び国民投票により圧倒的支持を得、ナポレオンはフランス皇帝に選出され、12月2日にノートル・ダム寺院で戴冠式《たいかんしき》を行います。

### ナポレオンの戦略的特徴

以上のように、ナポレオンは軍事の才能を遺憾なく発揮して皇帝にまで昇りつめた人物でした。とくに、彼は先天的に物理的世界、心理的世界、知性的世界を立体的にマネジメントできる能力のある戦略家だったのです。

ナポレオンが率いた軍隊は、物理的世界に関していえば、決して十分な資源をもっていたわけではありません。兵士は辛い行軍に耐え、野営地で夜を過ごし、いつも食糧や薬品不足に悩まされていたのです。

しかし、ナポレオン軍は、グリボーヴァル型という最新の大砲を持っていました。また、当時の一般的な戦術は「横隊戦術」で、分速70歩が標準でしたが、ナポレオン軍は１２０歩と高速であったために、戦場で敵よりも優位に立つことができました。これは、ナポレオン軍が従来の傭兵ではなく、国民軍であったという点にも関連しているのですが、ナポレオン軍はこの機動性をさらに生かすために、「縦隊戦術」を用いて敵の弱点に素早く兵力を投入することができたのです。

また、心理面に関しても、ナポレオンが率いる兵士たちは満足していました。彼は、気軽に兵士に声をかけることを忘れなかったのです。感動した兵士たちは、ナポレオンのことを「ちびの伍長」と呼んで親しみ、彼に忠誠を誓っていました。

そして、ナポレオンは先に述べたように旧来の傭兵中心の軍隊ではなく国民軍を形成し、それを最大限に活用した最初の人物でもあります。彼は国民軍を分割して師団とし、分かれて進撃、合流して攻撃する「分進合撃」という極めて高い機動性を発揮できる戦術で敵の機先を制することが常でした。祖国防衛の理念に燃える士気旺盛な国民軍には逃亡の恐れがないため、高度な作戦行動や戦術行動をとることができたのです。

さらに、知性的世界に関しても、ナポレオンはぬかりありませんでした。戦略を一手に指導できる地位につくと、彼は外交交渉を巧みに操作し、間接アプローチを駆使していきました。たとえば、敵である複数の国同士が歩調を合わせ、一致団結してフランスに軍事的かつ政治的圧力をかけてきた場合、その調整と交渉をめぐる取引コストは非常に高いものとなります。それがあまりにも高い場合、戦わずして敗北を認めざるを得ないような知性的世界での敗北に追い込まれる可能性があります。そこで、外交交渉を通して敵が一致団結することを巧みに阻止したり、あるいは戦力が整わないうちに敵を戦場に引きずり出したりして、一致団結する前にそれぞれを別個に撃破するという戦術を駆使したのです。

このように、ナポレオンは3つの世界を対象とするキュービック・グランド・ストラテジーのもとに、巧みに勝利を収めていったのです。

**三帝会戦—アウステルリッツの戦い**

ナポレオンが指揮した戦いの中でも最も有名な戦いの1つは、1805年のアウステルリッツの三帝会戦です。フランスのナポレオン1世、ロシアのアレクサンドル1世、オーストトリアのフランツ2世の3人の皇帝による戦いです。この戦いには、ナポレオンの戦略が凝縮されています。

1805年12月2日、ナポレオンの皇帝戴冠1周年の記念日の朝からその戦いは始まりました。立ちこめた霧とナポレオンの巧妙な布陣によって、ロシア・オーストリア連合軍があらかじめ得ていた情報では不十分な状況になっていました。この戦いでの彼の手腕は見事のひとことです。地形、機動、心理、あらゆる要素を利用し、芸術的とも言うべき完璧な勝利を収めたのです。

### 心理的世界での戦略

物理的観点からすれば、フランス軍の兵力は、このときロシア・オーストリア連合軍に比べて劣勢でした。ここで、ナポレオンは思いっきり弱気な姿勢を見せます。事前にロシア、オーストリアにできれば講和したいというような交渉を持ちかけていたのです。これは、増援軍到着までの時間を稼ぐと同時に、心理的世界へアプローチする彼一流の戦術でした。

これに対して、若きロシア皇帝アレクサンドル1世は、すっかりナポレオンをなめてかかっていました。つまり、予想以上に自分がプラスの状態にいるという認識にさせられたわけ

図表3

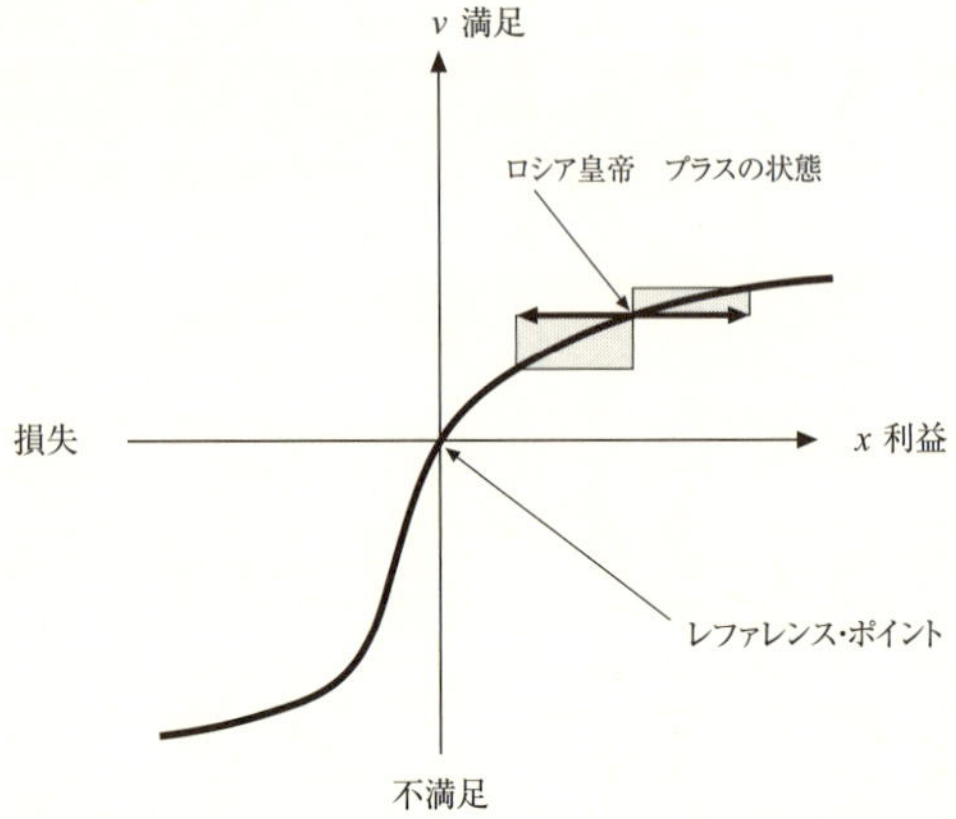


です。この場合、図表3の価値関数から理解できるように、積極的に攻撃した場合、さらにプラスの状態を得てもそれほど心理的価値は高まりません。逆に、積極的に攻撃した場合に、少しでもマイナスの状態になると、心理的価値は大幅に低下することになります。したがって、この場合、積極的に攻撃しないで現状を維持することが心理的には合理的になるのです。こうしている間にナポレオンの援軍が到着し、フランス軍は連合軍とほぼ互角の兵力を持つに至るわけです。

## 物理的世界での戦略

またナポレオンは、右翼をわざと手薄に配置し、ここを囮《おとり》にする戦術を展開しました。

若きアレクサンドル1世はこれを好機とみて、主力をプラッェン高地からフランス軍右翼へ差し向けることで、ナポレオンの罠にはまっていったのです。

ロシア・オーストリア連合軍は倍以上の勢力で、フランス軍の右翼を攻めたてました。誰の目にも戦線突破は時間の問題であるかのように映りました。ロシアとオーストリアの連合軍は、反対側に陣取っていた兵までもが丘をおりて右翼の総攻撃に繰り出しました。

しかし、ナポレオン軍の右翼には、強行軍で駆けつけた一個軍団が守りに加わり、戦線を維持しました。こうして、連合軍はフランス軍の右翼を突破できず、勢いが止まったのです。

このとき、ナポレオンは敵の手薄になった中央部に、主力を一気にぶつけるというお得意の作戦にでました。この当時、主力戦は最後の段階で行うのが定石でした。しかし、彼は常に機を逃さず、早め早めに主力軍を投入する革新的戦術をとっていたのです。がら空きになった連合軍の中央を突く攻撃は奇襲となり、見事に成功をおさめました。

こうして、フランス軍はあっという間に中央突破して敵を左右に分断し、包囲殲滅の型に持ちこみました。このとき、軍事の知識のあるロシアとオーストリアの連合軍はその作戦を恐れて、戦わずして凍った湖の上を敗走しました。フランス軍が右翼を維持している一方で、中央突破に成功した以上、勝敗は明らかだったからです。

図表4　アウステルリッツの戦い

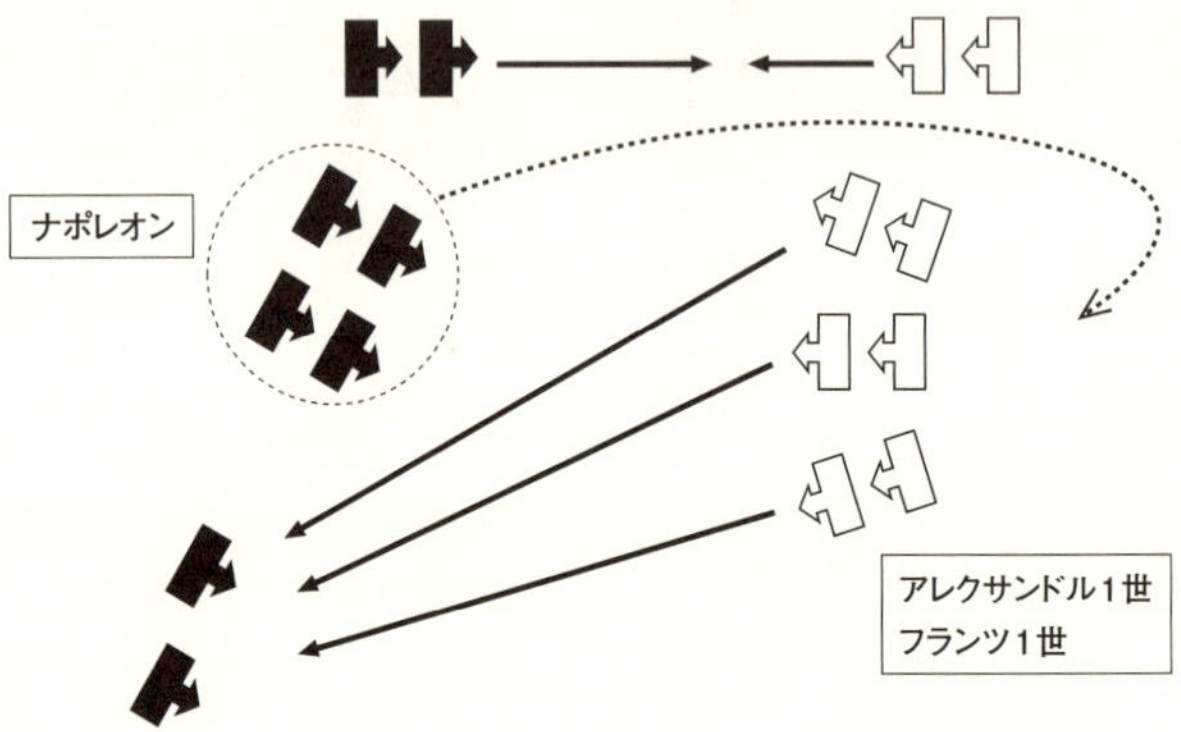


このとき、ナポレオンは砲兵隊に湖を砲撃させ、氷を粉々に割っていきます。連合軍の兵士たちは次々と12月の湖の中に落ちていきました。こうして、死傷者1万6000と捕虜1万1000、大砲180門と軍旗40以上という大損害を受けてロシアとオーストリアの連合軍は壊滅しました。これに対して、フランス軍の損害は死者1300人と負傷者7000人に過ぎず、まさにフランス軍の圧勝だったのです。

**知性的世界での戦略**

さらに、この戦いにおいてナポレオンは、外交面でも用意周到でした。彼は事前にプロイセンが中立的立場に留まることをプロイセンと交渉していたのです。軍事強国プロイセンが対仏大同盟に参加した場合、フランス軍は圧倒的に不利になることを予期していたからです。

しかし、その交渉には、非常に高い取引コストが発生する可能性のある状況でした。このコストを節約するために、ナポレオンは、プロイセン内のフランス占領下の英領ハノーヴァーをプロイセンに譲ることを確約し、プロイセンに中立を守らせたのです。知性的世界においても、この戦いでは事前に戦略が展開されていたわけです。

以上のように、アウステルリッツの三帝会戦は、中央突破による見事な殲滅戦であるという歴史上でもあまり例を見ない戦いでした。

戦いを終えたナポレオンは、国民軍の兵士たちにこう訓示しました。「兵士たちよ、我々の祖国の幸福と繁栄のために必要なことがなされたときには、私は諸君をフランスへ帰すであろう。国民は諸君の帰還を喜ぶであろう。そして、諸君は、〝アウステルリッツの戦いに加わっていた〟と言いさえすれば、こういう答えを受けるであろう。〝ああ、この人は勇士だ！〟と」。そして、このアウステルリッツの戦いの勝利を記念して建設されたのがフランスの凱旋門なのです。

## ナポレオンの最期

１８０８年に、英国との戦いにおいて、ナポレオンはスペインに軍事介入しました。しかし、一進一退を繰り返し１８１２年までにイギリス軍のウェリントン卿をポルトガル領に追いやるのが精一杯でした。

スペインでフランス軍が苦戦していると、その機に乗じてオーストリア軍が三度フランス軍に抵抗してきました。しかし、ナポレオンはこれを抑えました。

こうした状況で、ナポレオンは１８１０年にオーストリア・ハプスブルク家の皇女を后《きさき》に迎え入れます。しかし、ロシアはこれに反発し、彼の対英外交の根幹である「大陸封鎖令」からの脱退を表明しました。

こうして、ナポレオンとロシアとの関係が急速に悪化し、１８１２年に彼は50万の大陸軍を率いてロシア遠征を開始することになります。この時期から、彼の戦略も変化し、物理的世界だけを対象とする力による攻撃が中心となっていきました。彼は、理論的に戦略を展開していたのではなく、天賦の才能にもとづいて行動していたのです。

これに対して、ロシア軍は計画的退却戦つまり町や村を焼却しながら退却するという焦土作戦を行い、現地調達で補給を行っていたナポレオン軍を苦しめます。そして、冬の到来と共にナポレオンは命からがらフランスへと帰国することになります。ロシア遠征で壊滅的打撃を被ったフランス軍は、徴兵制度を改定し軍の再建に全力を尽くしました。しかし、ナポレオンは10月のライプツィヒの戦いにも大敗を喫し、大勢が決してしまいます。

１８１４年、連合軍はパリ入城を果たし、４月にナポレオンはエルバ島に流刑となります。ところが、彼は島を脱出し、翌年、再びパリに帰還してプロイセン軍を撃破しました。

しかし、１８１６年6月にはワーテルロー会戦でイギリス・ウェリントン卿に大敗を喫し、ナポレオンの「百日天下」は終焉してしまいます。今度は、大西洋の孤島セント・ヘレナ島へ流され、１８２１年5月5日に波瀾の生涯を閉じました。

晩年のナポレオンの失敗の原因はどこにあったのでしょうか。それは、ハンニバルと同じように、近隣諸国の変化に対応することなく、同じ戦略に固執し、それを硬直化させてしまった点にあります。それゆえ、近隣諸国は時間の経過とともにナポレオンのやり方を真似ることができ、兵を傭兵軍から強力な国民軍へと再編制していったのです。

## （4）『孫子』のキュービック・グランド・ストラテジー

本章の最後に、３つの世界への立体的かつ流動的なアプローチを提唱していたのが、第１章で述べた『孫子』の兵法であったことを述べておきたいと思います。『孫子』の兵法は実は多元論的な世界観にもとづいて展開されているのです。『孫子』の兵法は、戦争する前と戦時に分けてキュービック・グランド・ストラテジーを説いていると言えます。

### 戦争前のキュービック・グランド・ストラテジー

『孫子』は、最初の計篇で戦争をする前に３つの世界についての準備、つまり五事七計が必要だと言っています。つまり、第一に道、第二に天、第三に地、第四に将、第五が法です。

これらのうち、まず第二の天と第三の地は物理的世界に関わるものであり、戦争を行う前に、天候や距離や地形、国土、戦場について考慮する必要があることを意味します。

次に、第一の道と第四の将は心理的世界に関わるものであり、それは戦争をする前に民衆と為政者の間に大きな心理的な溝がないようにしておくこと、また将軍は下から信頼される誠実さや配下を思いやる情けを持つ必要があることを意味しています。

最後に、第五の法とは知性的世界に関わるものであり、それは軍隊に関する軍紀をしっかりさせる必要があることを意味します。

そして、これら五事にもとづいて七計、つまり有道、有能、天地、法令、兵衆、士卒、賞罰の観点から敵と味方を比較検討すれば、戦う前に勝敗の趨勢を知ることができるとしています。

①物理的世界に関して、天候と地形はどちらに有利か。
②心理的世界に関して、どちらの君主が人心を得ているか。どちらの将軍のほうが優れているのか。
③知性的世界に関して、軍紀や法令をどちらの軍隊が遵守しているか。そして、どちらが強いか。兵士の訓練の度合はどちらが上か。賞罰はどちらが公明正大に行われているか。

以上のように、３つの世界に関わる五事七計について敵と味方を事前に比較すれば、戦う前に勝敗をはっきり知ることができるというわけです。とくに、「彼を知り己を知らば百戦殆うからず」、すなわち、敵を知り己の実情を知れば百回戦っても危ういことはないというわけです。敵の実情を知らず、味方のことだけを知れば、勝ったり負けたりすることになり、敵のことを知らず、味方のことも知らなければ、戦うたびに危険に陥ることになる。そして、勝ち目がなければ戦わないと説くのが『孫子』の兵法なのです。

したがって、情勢を分析し、その情勢に柔軟に対応するというのが『孫子』の兵法の本質であって、情勢とは無関係に硬直的で絶対的な行動や戦法はとってはならないということなのです。

### 戦時のキュービック・グランド・ストラテジー

さて、以上のような事前の戦略分析にもとづき、どうしても戦わざるを得ない場合、つまり戦争を回避できない場合には、どのような戦略を展開していくのか、これが問題となります。『孫子』の兵法では、戦時も3つの世界を明確に意識しながら、そのときどきの戦況に応じて臨機応変に戦略を変化させることだと説かれています。この観点から、『孫子』の戦時の兵法は以下のようにまとめることができます。

### 『孫子』の物理的世界への直接アプローチ

まず、『孫子』によると、戦争には物理的に膨大な費用がかかることを明確に認識する必要があるとします。それゆえ、大原則は百戦百勝するよりも戦わないで勝つことがベストだということになるのです。

しかし、戦いを避けることができない場合には、事前に徹底した分析を行った後、まずは戦争の長期化を避けることが重要だとしています。戦争が長期化して国家を有利に導いた例など知らないというのです。それゆえ、長期戦を避け、万全の態勢で短期決戦で決着をつける必要があると主張します。この点から言えば、たとえば城を攻めるには時間も費用もかかるので、そのような戦いは戦術的に愚の骨頂だと言います。

また、戦費は自国で負担するが、食糧は現地で調達した方がいいと主張しています。そして、敵から物資を奪うことによって、自軍の戦力はさらに強まるものだというのです。つまり、兵士のモチベーションが高まるというわけです。

このような『孫子』のアプローチは、ナポレオンも採用していました。また、太平洋戦争のときの日本軍も採用していたのです。当時の日本軍は『孫子』の兵法とはまったく異なる方法をとっていたと言う人もいますが、実は当時の日本軍もそれなりに『孫子』の戦略を学んで実行に移していたのです。

## 『孫子』の心理的世界への間接アプローチ

心理的世界へのアプローチの有効性については、『孫子』によると、まず戦い上手な者は個々の兵士の勇気に頼らず、戦闘に突入する際の心理的な勢い、つまり「勢」によって勝利を得ようとするものだと言います。高い山から丸い石を転がり落とすように、兵士たちに「勢」を与えて巧みに戦いへと仕向けるわけです。

また、自軍の兵士に対して、絶体絶命の心理状態に立たせることによって、兵士は死力を尽くして戦うものだとも言っています。しかも、普段から兵士と自らの子供ように接していると、兵士は重要な局面で、死を覚悟して戦うものだとしています。そして、戦場ではこのような心理的状況に兵士を追い込むことが、リーダーの役割でもあるというのです。

他方、『孫子』によると、戦いにおいて敵軍の兵士から心理的に気力を奪い取ること、敵軍の将軍から冷静さを奪い取ることは可能であると言います。人間というものは朝は気力がみなぎっているが、昼そして夜になると萎《な》えるものだとし、戦い上手な者は相手が気力で満ちているときには戦いを避け、萎えるのを待って、戦いを仕掛けてゆくものだというのです。

それゆえ、進撃するときには、敵の「虚」を突く必要があるというのです。そうすれば、敵は不意を突かれるので、防ぎようがないというわけです。「迂をもって直となす」。意図的に迂回して敵を安心させておき、油断しているところを一気に叩くというのが「迂直の計」であり、その際の心理的打撃は非常に効果が大きいというのです。

## 『孫子』の知性的世界への間接アプローチ

最後に、戦時の知性的世界へのアプローチについては、戦い上手な者は「人を致して人に致されず」、つまり主導権を握って敵をこちらの思い通りに動かし、敵の思い通りに動かされないと言います。まさに、主導権を握ることが重要だというのです。

そして、主導権を確保するには、つまり敵をある方向に引き寄せるには、「そうすれば有利だ」と思わせることであり、また敵を先に戦闘にふさわしい位置につけさせないためには、「そうすれば不利だ」と思わせることだといいます。このようにして、敵の態勢を逆転させることが主導権を握ることだとしています。

また、『孫子』によると、先に述べたように、戦い上手な者は、高い山から丸い石を転がり落とすように、兵士たちに「勢」を与えて巧みに戦いへと仕向けるわけです。しかし、

「勢」だけでは不十分だとも言います。まさに、軍紀、規則、ルールこそが全軍の「勢」を操るものだというのです。軍紀が保たれていれば、どのような状況に陥ろうと、「勢」が衰えることなく戦うことができる。このような意味で、軍にとって軍紀は非常に重要なのです。

また、『孫子』によると、敵の情報を得るのに費用を惜しんではならないとしています。情報は敵よりも早く収集し、獲得する必要があるのです。しかも、生きた人間を使って生きた情報を集める必要があるというわけです。敵国の住民を使って情報をとること、敵国の役人を買収して情報をとること、敵のスパイを手なずけてこちらのスパイにすること、死をかけて敵国に潜伏して情報を集め、情報を持ち帰る必要があるのです。

以上のように、『孫子』の兵法が推進している戦略は、ハンニバルやナポレオンの戦略と同じように、多元的世界観にもとづく戦争前と戦時のキュービック・グランド・ストラテジーだとも言えます。戦いというものは物理的世界に対しては戦略的に正攻法ではじめ、状況に対応しながら心理的世界や知性的世界に対して柔軟に奇策をもって戦略的にアプローチすれば、勝利を得ることができるというのです。

とくに、物理的な戦法とは異なり、心理的世界や知性的世界を対象にした奇策の種類は状況に応じて無限にあり、尽きることはないとも言っています。物理的な兵力は、相互に競争すればやがて対等のものになっていくので、時間とともにそれほど差別化できなくなるというわけです。このとき、決定的に重要になるのは、心理的世界へのアプローチと知性的世界へのアプローチです。したがって、これらのアプローチが最終的に戦いの勝敗を決定することになるわけです。

そして、さらに重要なことは、戦争前の分析と同様に、戦時中にも特定の型や戦法やパターンに固執しないという点です。戦時中にも状況分析をしっかり行い、そのときどきの情勢に対応して、水が流れるように臨機応変に戦略を展開することが重要だとしているのです。

## キュービック・グランド・ストラテジーの２つの原理

以上のように、戦略の不条理に陥らないために、ハンニバルもナポレオンも『孫子』も物理的世界、心理的世界、そして知性的世界への多元的アプローチを展開し、そのようなアプローチの重要性について語っていたという点では、三者にそれほど違いはありません。そして、このような多元的な戦略的アプローチを展開することが、キュービック・グランド・ストラテジー（ＣＧＳ）の第一の原理だといえます。

しかし、『孫子』の戦略が永続的に成功的な戦略であるのに対して、ハンニバルやナポレオンが実際にとった戦略は短期的に成功したものの、長期的には失敗してしまいました。いったい何が異なっていたのでしょうか。

たしかに、『孫子』では、物理的世界、心理的世界、そして知性的世界へのアプローチの必要性について述べ、ハンニバルやナポレオンもまた3つの世界に対応するように見事な立体的な戦略を展開しました。

しかし、ハンニバルやナポレオンが実行したCGSは『孫子』が要請している戦略とは異なり、実は非常に硬直的なものでした。これに対して、『孫子』が語っているCGSは流動的なフローの性格を持つものだという点に、決定的な差異が存在しているのです。

それゆえナポレオンやハンニバルのCGSは短期的には威力を発揮しものの、長期的には威力を失い、時間とともにその戦略は3つのどの世界からも乖離《かいり》していった可能性があるのです。

これに対して、『孫子』で何度も繰り返し述べられているのは、単に3つの世界へアプローチすることのみならず、常に状況に応じてそれら3つのアプローチを臨機応変に変化させることが重要だということです。

水のように相手に応じて姿を変え、そして絶えず流れているということが、『孫子』の兵法にとっては重要なのです。つまり、ＣＧＳはストック状態のままにしておいてはならないのであり、常にフローの状態を維持する必要があるわけです。これがＣＧＳの第二の原理です。

次に、これらＣＧＳをめぐる２つの原理を経営戦略論レベルに応用して、さらに詳しく説明してみたいと思います。

# 第7章　新しい戦略の哲学——「戦略のキュビズム」

これまで物理的世界、心理的世界、そして知識や権利などの知性的世界が実在するという多元的世界観にもとづいて議論を展開してきました。

そして、この世界観に立つと、軍事戦略論の王道と言われているクラウゼヴィッツの戦略論は物理的世界を対象とするものであり、それゆえ他の2つの世界が変化した場合、この戦略論に従う人々や組織は合理的に淘汰されてしまう、すなわち「戦略の不条理」に陥る可能性があることを明らかにしてきました。

次に、近代戦略論の代表であるリデル・ハートの戦略論を紹介しました。彼は物理的世界のみならず心理的世界の存在を認識していましたが、知性的世界の存在には気づいていませんでした。もっと正確に言いますと、心理的世界と知性的世界の区別ができていませんでした。それゆえ、このリデル・ハートの戦略論に従う人々や組織も、知性的世界で変化が起こったときには戦略の不条理に陥る可能性があるのです。

何よりも、戦略の不条理に陥らないためには、ドイツの将軍エルヴィン・ロンメルが展開したように、絶えず3つの世界の存在を意識し、立体的にそれぞれの世界にアプローチする多元的アプローチが必要なのです。これが戦略の不条理を回避するキュービック・グランド・ストラテジーの第一の原理です。

しかし、ただ単純に3つの世界にアプローチするだけでは十分ではありません。ハンニバルやナポレオンが失敗したように、ひたすら硬直的に3つの世界にアプローチしているだけでは、3つの世界のどれか1つでも変化した場合に適応できなくなり、合理的に淘汰されてしまうからです。つまり戦略の不条理に陥ってしまうからです。

したがって、『孫子』の兵法で繰り返し述べられているように、3つの世界への立体的アプローチを水の流れのように絶えず変化させる必要があります。そして、そのためには絶えざる批判が不可欠なのです。これが、戦略の不条理を回避するために必要なキュービック・グランド・ストラテジーの第二の原理です。

以上のようなキュービック・グランド・ストラテジーの2つの基本原理について、ここでは経営戦略レベルに落とし込み、より詳しく説明してみたいと思います。

## （1）多元的世界観と「戦略の不条理」

### キュービックな人間観

キュービック・グランド・ストラテジー（Cubic Grand Strategy: CGS）は物理的世界、

心理的世界、そして知性的世界といった3つの世界を対象として展開される立体的大戦略であり、人間はこれらの3つの世界を認識しながら行動しているというキュービックな人間観に基づいています。

つまり、CGSでは、人間はこれら3つの世界でそれぞれ固有の損益計算をし、その合計がプラスになる場合に行動を起こし、マイナスになる場合には行動を起こさないという意思決定を行っていると想定するのです。

たとえば、人間は物理的世界では、土地・建物が増えたとか減ったとかいった物的資産の増減や、現金が減ったとか増えたとかいった貨幣の増減を計算します。

また、心理的な世界でも、固有のレファレンス・ポイント（参照点）にもとづいて予想外の収益と予想外の損失とを心理的に損益計算します。たとえば、あるレストランに入って食べたランチは思ったよりもおいしかったとか、思ったよりもまずかったとかを計算するのです。

さらに、知性的世界でも、会計上には表れない機会コスト、埋没コスト、取引コストなどの増減を計算します。あの銀行からお金を借りるにはものすごい時間とコストがかかるとか、馴染みの銀行からお金を借りるときには時間もコストもかからないというかたちで損益計算をするわけです。

**多元的損益計算**

これら次元の異なる損益を合計して合理的に行動するというのが、ＣＧＳにおける人間の捉え方です。このようなキュービックな人間観をより具体的にイメージしてもらえるように例を挙げてみましょう。

たとえばいまある製品を顧客が購入する場合、物理的世界で発生する顧客のベネフィット（利益）を$B_1$とします。顧客が製品を購入すれば物的資産が増えることになるわけです。しかし、同時に顧客の貨幣は減少し、それは会計上に表れるコストとなります。これを$C_1$としましょう。

次に、その同じ製品の購入をめぐって、顧客が自分固有のレファレンス・ポイントにもとづいて感じる予想外の心理的ベネフィットを$B_2$とし、反対に予想外に負担を感じる心理的コストを$C_2$としましょう。これらが心理的世界で顧客が感じるコスト・ベネフィットです。この世界では、厳密な数値計算が成り立たない可能性があります。コスト・ベネフィットが瞬時に判断され、結果として「欲求が満たされる」とか「気分が進まない」などといった言葉

図表1　3つの世界の相互作用

| (−) | 多元的損益計算 | (+) |
|---|---|---|
| $C_1$＝物理的世界でのコスト | | $B_1$＝物理的世界でのベネフィット |
| $C_2$＝心理的世界でのコスト | | $B_2$＝心理的世界でのベネフィット |
| $C_3$＝知性的世界でのコスト | | $B_3$＝知性的世界でのベネフィット |

$C_1 + C_2 + C_3 < B_1 + B_2 + B_3$ → 製品を購入する

$C_1 + C_2 + C_3 > B_1 + B_2 + B_3$ → 製品を購入しない

で表現されるかもしれません。

最後に、その同じ製品をめぐって、顧客がそれを購入し受け取るまでに発生しうる様々な取引コストを$C_3$とし、その取引コストの減少部分をベネフィットを$B_3$としましょう。取引コストが関わる知性的世界でも、厳密な数値計算は成り立たない可能性があります。コスト・ベネフィットが瞬時に計算され、結果として「すぐに手に入りそうだ」とか「時間がかかりそうだ」などといった言葉で表現されうるかもしれません。

したがって、CGSで想定される人間は、図表1のように、これら3つの世界における総コスト・ベネフィットを合計し、ある製品をめぐって総コストよりも総ベネフィットが多い場合にはその製品を購入し、逆に総ベネフィットよりも総コストのほうが多い場合には、製品を購入しないでしょう。人間はこのような立体的な多元的損益計算を通して行動しているとＣＧＳでは考えるのです。

**戦略の不条理とその解決**

以上のようなキュービックな人間観を持たないと、本書で何度も述べてきたように、組織は「戦略の不条理」に陥る可能性があります。物理的世界だけを考慮して、顧客に対して物理的ベネフィットだけが多くなるような製品を徹底的に生産し販売しても、そのような製品を顧客が購入する保証はありません。

もしその製品が顧客の手元に届くまでにかなり日数がかかる場合には、顧客にとって知性的世界のコスト、つまり取引コストが非常に大きいものとなります。それゆえ、その製品自体が物理的に性能が良く、かつ心理的に満足を与えるものであっても、総コストが総ベネフィットを上回ることになれば、顧客はその製品を購入しない可能性があるのです。

同様に、たとえ物理的コストが物理的ベネフィットよりも大きい製品でも、心理的世界や知性的世界でコストよりもベネフィットが大きく、それゆえ総コストよりも総ベネフィットが大きくなれば、その製品を顧客は購入する可能性があるのです。

このことを理解しないで、１つの世界だけを対象にする一元論的な経営戦略では組織は戦

図表2

| 企業戦略＼顧客の負担 | コスト | ベネフィット |
|---|---|---|
| 物理的世界への直接アプローチ | $C_1$ ↓ | $B_1$ ↑ |
| 心理的世界への間接アプローチ | $C_2$ ↓ | $B_2$ ↑ |
| 知性的世界への間接アプローチ | $C_3$ ↓ | $B_3$ ↑ |
| CGSの戦略目的 | $C_1+C_2+C_3 < B_1+B_2+B_3$ | |

略の不条理に陥ってしまい、合理的に淘汰されることになります。それゆえ、CGSの第一の原理は、戦略の不条理を回避するために、3つの世界に多元的にアプローチするということです。

CGSの最終目的は、キュービックな人間観にもとづいて、ある製品の購入を迷っている顧客に対し、総コストよりも総ベネフィットを大きくし、その顧客に製品を購入させることによって生き残ることです。そのためには、図表2のように顧客が3つの世界で負担する総コストを減少させ、3つの世界で得られる総ベネフィットをいかにして大きくするかが経営戦略の目標となります。

しかし、たとえ3つの世界に対して多元的にアプローチしたとしても、それによって戦略の不条理を回避することはできません。3つの世界が変化する可能性が常にあるからです。それゆえ、3つの世界に対応したアプローチなのかどうかを常に批判的に検討し、絶えず柔軟に立体的戦略を変化させていく必要があります。これがＣＧＳの第二の原理です。展開されるＣＧＳというのは常に暫定的なものであり、最終的な解ではないのです。

これらのＣＧＳの２つの原理について、以下でより詳しく説明したいと思います。

## （２）キュービック・グランド・ストラテジーの原理１―多元的アプローチ―

### ３つのキュービック・グランド・ストラテジーのパターン

戦略の不条理を避けるための第一の原理は、３つの世界の存在を意識して多元的にアプローチしなければならないということです。ＣＧＳは多様であり、対象とする顧客によってその内容はまったく異なりますが、少なくとも以下のような３つにパターン化できます。

①物理的世界を対象とする直接アプローチ、心理的世界を対象とする間接アプローチ、知性的世界を対象とする間接アプローチを同時進行的に立体的に進めるような「同時進行型ＣＧＳ」。たとえば、ナポレオンが展開したＣＧＳです。

②たとえば、知性的世界を対象とするソフトな間接アプローチからはじめ、次に時間差で心理的世界を対象とするソフトな間接アプローチを並行して展開し、最後に物理的世界を対象とするハードな直接アプローチでたたみかけるという「時間差重層型ＣＧＳ」。これは、ロンメルのＣＧＳです。この時間差重層型ＣＧＳは多様であり、どのアプローチから実行しはじめても問題ありません。

③たとえば、時間の流れとともに、まず知性的世界だけを対象とする間接アプローチを実行し、次に代替的に心理的世界だけを対象とする間接アプローチを展開する。最後に、物理的世界だけを対象とする直接アプローチへと移行する「時間差単層型ＣＧＳ」。これはハンニバルのＣＧＳでした。

もちろん、２つのアプローチの組み合わせを時間差で展開するケースもあります。たとえば、はじめに心理的世界と知性的世界だけを対象とし、次に物理的世界と心理的世界だけを対象とする戦略を展開します。最後に、物理的世界と知性的世界だけを対象とする戦略へと移行するパターンです。

図表3　3つの世界の階層性

## ３つの世界の階層性

ところで、以上のようなＣＧＳを具体的に展開する際に、もっとも重要なポイントの１つは知性的世界を中心に３つの世界への戦略を構想し、展開していくという点です。というのも、知性的世界は３つの世界の中でもっとも高次の世界だからです。

なぜ、知性的世界がもっとも高次かというと、それは、何よりも最初に、かつ確実に存在する世界は物理的世界であり、それを土台として積み重なるように心理的世界、知性的世界が存在するからです。まず、世界には心的状態を欠くか、欠いていると言っていい石などの物体や細菌などの微生物が属する物理的世界が存在します。その物理的世界を土台として心理的世界を持つ動物が生まれ、その中の最も進化した動物が知性的世界を持つ人間なのです。図表３のように、これら３つの世界を階層にして考えると、知性的世界は物理的世界や心理的世界よりも高次の世界だと言えます。

### キュービック・グランド・ストラテジーと階層性

以上のような階層構造があるため、知性的世界へのアプローチを成功させるためには、先に心理的世界へのアプローチを成功させておく必要があります。さらに、心理的世界へのアプローチを成功させるためには、それ以前に物理的世界へのアプローチを成功させておく必要があるのです。

たとえば、ある会社がなぜ自社の新商品が売れないのかを検討したとしましょう。その原因が知性的世界の存在、つまり消費者との取引コストがあまりにも大きい点にあるということを認識した場合、新商品の購入をめぐって消費者が負担する取引コストを節約するような何らかの間接アプローチが新たに必要だと考えるでしょう。

しかし、それ以前にそもそも心理的世界を対象とする間接アプローチが成功しているのかどうかも検討する必要があります。そして、もしそれが成功していないならば、消費者の心理的なコスト負担を削減する何らかの間接アプローチを展開する必要性を認識することになるでしょう。

さらに、その前にそもそも物理的世界へのアプローチが十分なのかどうかを検討する必要もあります。そして、もし物理的世界への直接アプローチをした結果、商品自体に何らかの欠陥が発見されるかもしれません。

このように、最初に高次の知性的世界へのアプローチから構想したとすれば、より低次の心理的世界へのアプローチや最も低次の物理的世界へのアプローチもまた構想する必要があるのです。

こうした３つの世界の階層構造を認識したうえで、多元的にアプローチを構想しなければならないというのが、ＣＧＳの第一の原理です。

## （３）キュービック・グランド・ストラテジーの原理２―批判的アプローチ―

**人間の限定合理性**

しかし、人間は限定合理的な存在なので、構想され実行されるＣＧＳは決して完全なものではありません。つまり、ＣＧＳのもとに展開される３つの世界を対象としたアプローチは、常に３つの実在世界の動きに適切に対応しているとは限らないのです。

たとえＣＧＳのもとに展開される戦略アプローチが一時的に３つの世界に対応していたとしても、３つの世界それ自体が時間とともに変化していくために、乖離してしまう可能性もあります。

したがって、あるＣＧＳが一時的に成功したからといって、それを完璧だと思いこむことは非常に危険です。３つの世界は絶えず変化し、それゆえ戦略が意味を失ってしまう可能性は常にあるのです。そのためにも、ＣＧＳをめぐっては絶えず批判的議論が必要です。そして、戦略から誤りを排除し、絶えず洗練していく必要があるのです。これが第二のＣＧＳの原理です。

### 批判（クリティーク）の意味とその効果

「批判（クリティーク）」という言葉は日常的によく出てくる言葉ですが、その意味を十分理解している人は意外に少ないように思います。

それはもちろん、すべてを肯定して正しいものとして受容することでもなければ、逆にすべてを否定して間違いだとして放棄することでもありません。批判とは、どこまでが正しくどこまでが誤りなのか、その境界を確定することです。それゆえ、批判主義とは限界確定主義（マージナリズム）のことを意味します。

具体的に言えば、実行する前にいま展開しているＣＧＳが知性的世界に存在する知識や理論や概念と論理的に矛盾していないかどうか、つまり、理論的にどこまで認められるかを批判的に議論する。そして、実行後には、ＣＧＳが心理的世界の存在や物理的世界の存在との間で経験的に矛盾していないかどうか、つまり、経験的にどこまで認めるかを批判的に議論するのです。

このようなクリティカルな議論を実行する過程で、既存のＣＧＳをめぐって、もし問題が発見されたならば、それは失敗ではありません。むしろその問題を解決することによって、適切に世界の動きに対応できる可能性を高めるという意味では成功なのです。

逆に、クリティカルな議論を避け、不完全なＣＧＳに固執すれば、時間とともに変化する３つの世界との間の乖離は拡大し、やがて淘汰されることになります。

このように、ＣＧＳをめぐって絶えずクリティカルな議論を展開して、誤りを発見し、それを排除する試行錯誤を重ねることで、組織は生存可能性を高め、進化することになるのです。

## 批判と組織

しかし、組織が実行するCGSをめぐってクリティカルな議論を展開するためには、組織のリーダーが自ら考案したCGSを個人的に自己批判するだけでは限界があります。自己批判は、極端に甘くなると正当化主義に陥ります。また、極端に厳しくなると否定主義に陥ってしまいます。

正当化でもなく否定でもない、クリティカルな議論を展開するには、組織のメンバーと議論を展開することが必要です。

クリティカルな議論を展開するということは、一見、簡単そうに思えるかもしれません。しかし、肯定でもなく否定でもなく、どこまでが正しくどこまでが正しくないのか、その限界を確定するような議論を展開するのは実は非常に難しいことです。というのも、このような議論を展開するためには、組織のメンバーが、カントの言うところの啓蒙された人間、つまり自律的行動をとることのできる人間でなくてはならないからです。

## カントの他律的人間

イマヌエル・カントによると、人間は他律的行動と自律的行動をとる存在として分析されます。これらのうち、他律的行動とはその行動の原因が自分にではなく、自分の外に原因がある行動です。

たとえば、それは「上司に言われたのでやった」とか、「親に言われたのでやった」、あるいは「お金をあげると言われたのでやった」といった行動のことです。

そのような他律的行動は、自分の外にある原因が刺激となり、それに反応して行動するという意味では、動物的な刺激反応行動と本質的に同じです。また、外からの力が原因となって作用し結果として行動するという意味では、力学的な因果法則に従う機械の動きような物理的行動でもあります。この意味で、カントは自分の外に原因があるような行動を他律的行動と呼び、それは動物的であり、機械的であり、すなわち人間固有の行動ではないとしました。

また、このような他律的行動は、失敗したとき、「上司に言われたのでやった」とか、「親に言われたのでやった」などの言い訳が常に可能です。つまり、責任を回避できる行動であり、それゆえこのような行動ばかりとる人間に「責任」の概念は成立しません。カントはこうした他律的な行動しかとれない人間を「未成年状態」にある人間と言いました。

しかし、カントは、人間がこのような他律的な刺激反応行動をとってしまうのを否定することはできないとしました。つまり、人間は全能の神とは異なって、ある面では動物的であり、物理的存在でもあり、無責任な存在であることを認めているのです。

## カントの自律的人間観

その一方でカントは、人間は単なる動物的でも物理的な存在でもないとします。彼によると、そのことを証明するような奇妙な意識が人間にはあるというのです。

たとえば、いまある企業で何十年も働き、いまや重役になっている人がいるとしましょう。その人は社長に家族の一員のようにかわいがってもらい、これまで何度もお世話になりました。あるとき、その人が、他社の社長から「現在もらっている月給より五万円高くするから、うちの会社で働かないか」と誘われました。このとき、その人は他律的つまり刺激反応的にすぐに転職しようとするでしょうか。おそらく、お世話になった社長を捨て、お金につられて他社に移ることに強い抵抗感を感じることでしょう。

また、ある男性に何年も付き合っている女性がいるとします。ところが、ある日突然、非常に美しい女性がその男性に「私と付き合って下さい」と言い寄ってきました。このとき、その男性は他律的に、刺激反応的にその美しい女性と付き合うでしょうか。おそらく、彼のなかには「これは良くないことだ」という道徳的意識が現れるでしょう。もしこのような刺激反応行動に抵抗する道徳的意識が人間にあるとすれば、そのような意識とはいったいどのようなものでしょうか。カントは、それを人間に内在する「自由意志」と呼びました。

人間は自らの自由意志に基づいて積極的に目標を打ち立て、それを達成するように行動することができます。その行動は、原因が外にではなく自分自身、つまり自分の自由意志にあり、それ以外にはないという意味で自由で自律的な行動だと言えます。

また、そのような行動の原因は他でもなく自分自身にあるので、もし問題が起こった場合、その行動の「責任」は他でもなく自分にあることになります。それゆえ、カントはそのような行動は失敗したときには自らが責任を問われることから道徳的行動でもあると言いました。つまり、自律的な行動は、「誰かに言われたのでやった」というものではなく、「他でもない自分の意志でやった」という自律的で責任を伴う道徳的な行為なのです。

以上のように、カントは人間を、①動物のように刺激反応パターンで行動する他律的存在であり、因果法則に従って機械的な行動をする存在であると同時に、②自由意志にもとづいて積極的に行動する自律的な存在でもあり、その結果に責任を負う道徳的存在でもあると考えました。こういった二元論的人間観こそが、カントの人間観なのです。

## 他律的人間組織では批判的議論はできない

以上のようなカントの道徳論的な人間観にもとづくと、もし組織のメンバーが他律的な行動しかとれないような未成年状態にある人間ばかりならば、そのような組織ではクリティカルな議論はできません。リーダーが大声を出して暴力的に脅したり、お金で釣ったりすると、メンバーはそれに従って簡単に言いなりになってしまい他律的な行動しかできなくなってしまうのです。

そのような未成年状態の組織では、リーダーの意見に賛成するしかありません。上司に嫌われたくない、上司によって左遷されたくない、上司に認められてもっと高い地位を得たいという意識から、常に自分の外にいる上司の言動が刺激となって、動物や物のように反応してしまうのです。そして、失敗したときには、「直接上司に命令されたから」とか「同僚がみんなやっていたから」などと言って責任を回避することになります。このような行動は、人間にとって非常に楽な行動なので、どうしても未成年状態を脱しきれないのです。

このような他律的な行動しかできない、そして責任の概念が成り立たない人間の組織では、組織の生き残りをかけて提案されるキュービック・グランド・ストラテジー（CGS）をめぐって、クリティカルな議論は成立しません。とくに、それがリーダーによって提案された場合、クリティカルな議論はほとんど不可能です。リーダーの命令に従って、メンバーは動物のように行動してしまうのです。そこには、肯定しかありません。

このように、他律的な人間の組織ではクリティカルな議論ができないので、誤りを指摘することができず、それゆえ誤りを排除できず、変化のない硬直的な組織となります。それは、一見安定した組織に映るでしょう。しかし、実際には変化する環境との溝が拡大していくことで、最終的には世界から見放され、淘汰されてしまう運命にある組織なのです。

**自律的な人間組織が批判的議論を可能にする**

何よりも、不完全な人間が考案する不完全なＣＧＳをめぐってクリティカルな議論を展開するためには、リーダーはメンバーの自律性を引き出す努力をし、個々のメンバーに自由意志を行使させる必要があるのです。このような行為をカントは「啓蒙」と呼びました。

リーダーは各メンバーの自由意志を尊重し、クリティカルな議論をさせる場を提供するような啓蒙的リーダーでなければなりません。そして、次のようなカントの道徳的法則の原理にもとづく人間関係の構築を促さなければなりません。

君自身の人格ならびに他のすべての人の人格に例外なく存するところの人間性を、いつでもまたいかなる場合にも同時に目的として使用し決して単なる手段として使用してはならない［カント（1980）103頁］

各メンバーは自分の目的を達成するために、相手を単なる手段あるいは単なるモノとして利用してはならないという人間関係、つまり一人ひとりが常に相手を自由意志を持つ存在、それゆえ1つの目的あるいは価値を持つ存在とみなし、決して相手を自分の目的達成のためだけの手段として扱わないという人間関係をつくらなければならないのです。

このようなカント的人間関係が成り立てば、自分の目的を達成するために、別のメンバーの意見を簡単に否定したり、簡単に肯定したりすることはありません。常に、相手の意見に耳を傾け、どこまでが認めることができて、どこまでが認められないのか、その限界を確定するようなクリティカルな議論を展開することができるのです。

何よりも、現実の組織で展開されるCGSは常に暫定的なものです。それゆえ、絶えず組織のメンバー全員で批判的に検討することによって、より現実適応性を高める方向へと進める必要があるのです。このように、組織のメンバーが自律的にCGSをクリティカルに扱うことによって、組織は「戦略の不条理」に陥ることなく、変化する環境に柔軟に適応できるのです。

## （4）クリティカル・マネージング・フロー

### フローとしての企業観

さて、近年ナレッジマネジメントの創始者である野中郁次郎教授は、企業とは生き生きと活動する存在であり、様々な活動の「フロー（流れ）」そのものとして見なすことができるという、「フローとしての企業」という興味深い概念を打ち出しています。そして、その流れをコントロールすることが重要だとして、「マネージングフロー」という概念を提唱しています。

とくに、フローとは真実や善に漸進的に接近しようとする模索過程であり、何よりも自らの認識と真実との乖離をできるだけ縮小しようとするプロセスだと述べています。そして、その乖離を縮小するために必要なのが、アリストテレスの言う「フロネシス」、つまり善悪を判断でき、善の方向へと導く「賢慮」だというのです。より正確に言えば、フロネシスとは個別で具体的な場面のなかで、全体の善のために意思決定し行動すべき最善の振る舞い方を見出す能力のことです。

このような野中教授のフローとしての企業観に従えば、ここで提案しているCGSにもとづいて生き残ろうとする組織もフローとしての組織であり、常にこの流れの中にあります。逆に言えば、止まっていることが異常であるような組織のことを意味します。

## CGSのクリティカル・マネージング・フロー

では、CGSに従う組織をどのようにしてフローとしてマネージメントできるのでしょうか。それは仮説的で暫定的なCGSと3つの実在世界との乖離を、批判を通して絶えず縮小しようとする流れをつくることであり、その流れを生み出す原動力となるのが野中教授の言うフロネシス（賢慮）、つまり「組織的でクリティカルな議論」になります。

こうした議論は、どこまでが正しくどこまでが正しくないのかを確定する人間の理性的な活動であり、まさに善悪を判断する能力としてのフロネシスに近いものかもしれません。ポパー流にいえば、クリティカル（批判的）というのは合理性的、つまり人間理性に適合するという意味です。そして、ポパーは自分の思想的立場を批判的合理主義（Critical

Rationalism）と呼んでいます。

このような合理性的な批判にもとづくＣＧＳのマネージング・フローとは、以下のような一連の流れとして説明することができます。

①まず、組織のリーダーあるいは組織のメンバーが、生存のために物理的世界、心理的世界、知性的世界といった３つの世界に対応するＣＧＳ１を暫定的に提案するものとしましょう。しかし、このＣＧＳ１は限定合理的な人間がつくりだしたものであり、不完全なものなので、決して真なるものではありません。それは仮説的なものにすぎず、変化する３つの世界に十分に対応できていない可能性があります。

②そこで、提案されたＣＧＳ１は常に組織内でクリティカルに扱われ、誤りを見つけてそれを排除する（Error Elimination：ＥＥ）必要があります。たとえば、まず戦略を具体的に実行する前に、その戦略構想に論理的矛盾が内在しているのかどうかをクリティカルに検討します。

③ここで、もし提案されたＣＧＳ１をめぐり、事前にクリティカルに議論をした結果、論理的矛盾が見いだせなかったならば、ＣＧＳ１は真理ということではなく、いまだ否定す

る合理的理由がないという理由で、メンバーはそれに従って行動することになります。しかし、それを実行した結果、事後的に物理的世界との間に起こる経験的な矛盾が発見された場合、その矛盾をメンバーが共有するならば、それは新しい問題（P1）として認識されることになります。

④この問題（P1）は自律的な組織のメンバーたちによって理解され、その矛盾をなんとか排除するような努力がなされなければなりません。そうでないと、矛盾を抱えた組織は世界に適応できず生存できないからです。この矛盾としての問題（P1）を排除するということは、矛盾を解決するための新しいCGS2を提案することを意味します。それは、リーダーによってなされるかもしれませんし、その他のメンバーたちによってなされるかもしれません。しかし、新しく提案されたCGS2もまた決して完全なものではありません。それゆえ、それは組織内で再びクリティカルな議論に晒されることになり、同じフローをたどることになるのです。

## 前進的問題移動と退化的問題移動

以上のようなクリティカルなフローとしての組織を図式化すると、図表4のようなイメー

図表4　CGSのクリティカル・マネージング・フロー

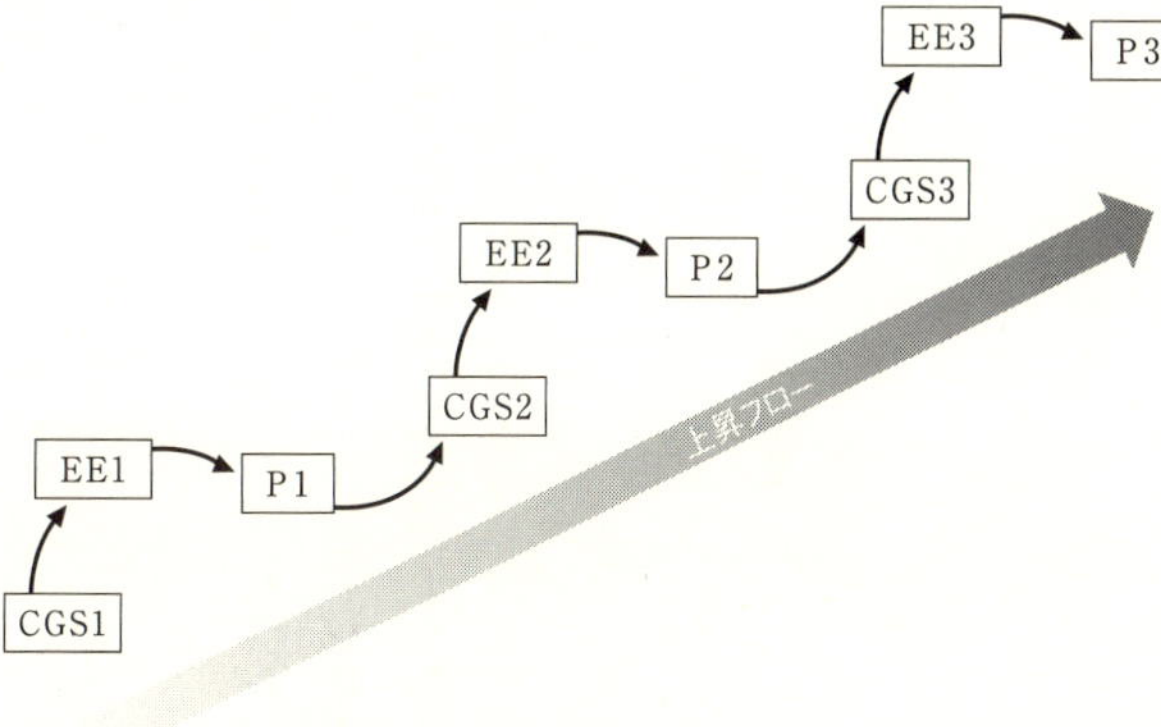


P=問題（矛盾）　EE=誤り排除　CGS=キュービック・グランド・ストラテジー

ジとなります。このようなフローを通して、3つの実在世界により適合するようなCGSが展開されることになるわけです。

そして、もしこのフローの中で前の問題（P1）と後の問題（P2）が異なっているならば、それは組織が変化したことを意味し、しかもいままで知らなかった問題に組織が対峙したという意味で、その組織は進化したと言えるでしょう。また、それは流れるように戦略的経営が展開されたということであり、マネージング・フローが実践されたということです。

これに対して、問題（P1）と問題（P2）が同じ場合には、組織に変化がなかったことになりますが、環境が絶えず変化している可能性があることを考慮すると、その組織は退化したことになります。このとき、組織は「戦略の不条理」に陥っている可能性があり、淘汰の危機に晒されていることになります。

以上のようなフローとしての組織をクリティカルにマネージメントすること、つまりクリティカル・マネージング・フローを通して組織の生存確率は高まることになるのです。そして、このようなフローの経営哲学こそ、かつて精神主義を重視してきた日本人や日本の組織・企業が受け継ぐべき戦略の哲学だと思います。

# あとがき

日本では、これまで軍事戦略論と経営戦略論は互いにまったく関係がないかのように扱われてきました。実際、経営戦略を研究している人は、軍事戦略の本をあまり読みません。他方、軍事戦略の専門家も経営戦略の本などほとんど読んでいないと思います。このような現状を奇妙に思っている人は、私を含めて意外に多いのではないでしょうか。

理由はいくつかあると思います。日本が先の戦争に負けたために、戦後、日本の元軍人が民間企業で働き始めたとき、戦争を連想させるような用語を民間では一切使わないようにしようという暗黙の了解があったのかもしれません。

一方、私が10年ほど前に防衛大学校の教官として勤務していたとき、そこにはいまだ官民思想が根強く残っていました。民間よりも官の方が上、民間の学問である経営学から学ぶことはない、官の学問である行政学や政治学で十分だという雰囲気があったのです。

むしろ、経営学などを学ぶから任官を拒否する学生が増えるのだという感じすらありました。こうして、ナレッジマネジメントの創始者である野中郁次郎先生がかつて所属し、そして私もまた所属していた防衛大学校社会科学教室管理学科（ここで経営学を教えていたのですが）は、防衛大から消えてしまいました。

しかし、私が米国の広報・文化交流庁であるアメリカンセンターのお誘いで、米国国防省の研究教育機関を視察させていただいたとき、米国の状況はまったく違っていました。米国の軍事エリートが集まるワシントンDCの国防大学には、ハーバード大学をはじめ有名ビジネス・スクールからたくさんの先生が教えにきていました。また、若手の優秀な軍人も、ハーバード大学、ノースウエスタン大学、スタンフォード大学などの有名ビジネス・スクールでMBAを取るケースが多いと言っていました。そこでは、軍事と経営学の間に、それほど深い溝はありませんでした。

こういった問題意識のもとに、これまで何とかして、これら2つの分野の戦略論の溝を埋めることはできないものか、そしてこの溝を埋めることによって何か新しい戦略論を展開することができないものかと思考を重ねてきました。

こうした状況で、今回、光文社新書編集部の森岡純一さんから、軍事戦略と経営戦略の融合をテーマに本を書きませんかというお話をいただいたとき、非常にうれしく、すぐに快諾しました。

しかし、その後、私が予想以上に学内外の雑用に追われてしまったため、結局、本書を書きあげるのになんと2年近くもかかってしまいました。また、なかなか良い知恵や新しいアイデアが生まれず、いたずらに時間だけが流れてしまいました。そして、苦しんで苦しみぬいた挙句、今回、何とか新しいアイデアに到達することができたのではないかと思っています。それについては、本書を読んでいただいた方には分かってもらえるのではないかと思います。

その間、遅々として研究が進まない私を忘れずに待っていただいた森岡さんには本当に感謝しております。また、森岡さんとともに最初から最後まで私をサポートしてくれた古川遊也さんにも感謝したいと思います。古川さんは、私の分かりにくい文章を何度も読んでくれ、そして的確な指摘をたくさんしてくれたので、本書は非常に読みやすくなったと思います。

本書は、軍事と経営を結びつける拙著『組織は合理的に失敗する（組織の不条理）』（日経ビジネス人文庫）、『命令違反は組織を伸ばす』（光文社新書）に続く第三弾です。皆さんに、何らかのインパクトをもたらすことができれば幸いです。

２００９年９月15日　三田山上にて　菊澤研宗

杉之尾宜生（2001）『戦略論体系（1）孫子』芙蓉書房出版
多田洋介（2003）『行動経済学入門』日本経済新聞社
Thaler, R. H. (1980), "Toward a positive theory of consumer choice", *Journal of Economic Behavior Organization*, 1: 39-60
Thaler, R. H. (1985), "Mental accounting and consumer choice", *Marketing Science* 4: 199-214.
友野典男（2006）『行動経済学　経済は「感情」で動いている』光文社新書
Porter, M.E. (1998), *Competitive Strategy: Techniques for Analyzing Industries and Competitors*, Simon & Schuster.
Prahalad, C.P. and G.Hamel, (1990), "The Core Competence of the Corporation", *Harvard Business Review*, pp.79-91.
Rumelt, R.P., (1987), Theory, Strategy, and Entrepreneurship, in：*The Competitive Challenge*, D.J.Teece, ed., Ballinger, pp.137-158.
Wernerfelt, B., (1984), "A Resource Based View of the Firm", *Strategic Management Journal*, pp.171-180.
Williamson, O. (1975), *Markets and Hierarchies: Analysis and Antitrust Implications*, The Free Press.（浅沼萬里・岩崎晃訳『市場と企業組織』日本評論社 1980 年）
Williamson, O. (1985), *The Economic Institutions of Capitalism: Firms, Markets, Relational Contracting*, The Free Press.
Williamson, O. (1996), *The Mechanisms of Governance*, Oxford University Press.
山本七平（2005）『孫子の読み方』日経ビジネス文庫　日本経済新聞社

参考文献

菊澤研宗（2000）『組織の不条理―なぜ企業は日本陸軍の轍を踏みつづけるのか』ダイヤモンド社

菊澤研宗（2005）「クラウゼヴィッツか　リデル・ハートか」『ダイヤモンド・ハーバード・ビジネス・レビュー』4月号：82-95頁

菊澤研宗（2006）「リーダーの心理会計」『ダイヤモンド・ハーバード・ビジネス・レビュー』2月号：94-108頁

菊澤研宗（2007）『命令違反が組織を伸ばす』光文社新書

菊澤研宗（2008）『戦略学―立体的戦略の原理―』ダイヤモンド社

菊澤研宗（2009）『組織は合理的に失敗する－日本陸軍に学ぶ組織の不条理発生メカニズム』日本経済新聞社

Kim, W.C. and R.Mauborgne (2005), *Blue Ocean Strategy*, Harvard Business School Press.（有賀裕子訳『ブルーオーシャン戦略』ランダムハウス講談社 2005年）

是本信義（2009）『経済大国カルタゴ滅亡』光人社

リデルハート，B.H.（1971）『ドキュメント　ロンメル戦記』小城正訳　読売新聞社

Liddell Hart, B.H. (1991), *Strategy: Indirect Approach*, 2nd/Rev., Penguin.（森沢亀鶴訳『戦略論―間接アプローチ―』原書房 1986年）

町田三郎訳『孫子』中公文庫

前原　透（監修）（2003）『戦略思想家辞典』芙蓉書房出版

松村劭（2006）『ナポレオン戦争全史』原書房

モンタネッリ・I（1976）『ローマの歴史』藤沢道郎訳　中央公論社

守屋　淳（2007）『孫子・戦略・クラウゼヴィッツ』プレジデント社

野中郁次郎・平田透・遠山亮子（2007）「'流れ' を経営する－知識ベース企業のプロセス理論序説」『一橋ビジネスレビュー（WIN）』84-96頁

Popper, K.R. (1959), *The Logic of Scientific Discovery*, Hutchinson.（大内義一・森博訳『科学的発見の論理　上・下』恒星社厚生閣 1976年）

Popper, K.R. (1965), *Conjecture and Refutations: The Growth of Scientific Knowledge*, Harper & Low Company.（藤本隆志・森博・石垣寿郎訳『推測と反駁：科学的知識の発展』法政大学出版局　1980年）

Popper, K.R. (1972), *Objective Knowledge: An Evolutionary Approach*, Clarendon Press.（森博訳『客観的知識：進化論的アプローチ』木鐸社　1980年）

Popper, K.R. (1982), *Unended quest: an intellectual autobiography*, Open Court publishing company.（森博訳『果てしなき探求：知的自伝』岩波書店，1978年）

リーガン、ジェフリー（2008）『「決戦」の世界史―歴史を動かした50の戦い』原書房

レンツ、ティエリー（1999）『ナポレオンの生涯』福井憲彦監訳　創元社

シュミット，H.W.（1971）『砂漠のキツネ　ロンメル将軍』清水政二訳　角川書店

島崎晋（2006）『孫子の兵法』ＰＨＰ

塩野七生（2002）『ローマ学』集英社

新人物往来社（2008）『皇帝ナポレオンのすべて』別冊歴史読本　新人物往来社

# 参考文献


浅野裕一訳（1997）『孫子』講談社学術文庫

浅野裕一（1993）『孫子を読む』講談社現代新書

アーウィンズ，D（1977）『狐の足跡―ロンメル将軍の実像　上・下』小城正訳 早川書房

Barney, J.B., (1991), “Firm Resources and Sustained Competitive Advantage.”, *Journal of Management*, pp.99-120.

Clausewitz, C.v. (1980), *Vom Kriege*, Philipp Reclam jun.（篠田英雄訳『戦争論』岩波文庫 上・中・下　1968年）

Coase, R.H. (1937), “The Nature of the Firm”, *Economica*, 4 (No.3): 386-405.

Coase, R.H. (1960), “The Problem of Social Cost”, *Journal of Law and Economics*, 3 (No.1): 1-44.

Collis, D.J. and C.A.Montgomery (1998), *Corporate strategy: a resource-based approach*, McGraw-Hill.（根来龍之・蛭田啓・久保亮一訳『資源ベースの経営戦略論』東洋経済新報社 2004年）

David, P. (1985), “Clio and Economics of QWERTY”, *American Economic Review, Papers and Proceedings*, 75: 332-337.

Douma, S. and H.Schreuder (1991), *Economic Approaches to Organizations*, Prentice Hall International Ltd.（岡田和秀・渡部直樹・丹沢安治・菊澤研宗訳『組織の経済学入門』文眞堂 1994年）

学習研究社編（2008）『第二次大戦欧州戦史シリーズ　北アフリカ戦線』学習研究社

Ghyczy, T.v., Oetinger, B.v., and Christopher, B. (2001), *Clausewitz on Strategy*, JohnWiley&Sons.（ボストン・コンサルタント・グループ訳『クラウゼヴィッツの戦略思想―「戦争論」に学ぶリーダーシップと決断の本質』ダイヤモンド社 2002年）

Gilbert, X. and P.Strebel (1988), “Developing Competitive Advantage”, in J-B-Quinn, H.Mintzberg and R.M.James (eds.), *The Strategy Process*, Englewood Cliffs, Prentice-Hall.

石津朋之（編著）（2002）『戦略論大系（4）―リデルハート』芙蓉書房出版

石津朋之（2008）『リデル・ハートとリベラルな戦争観』中央公論新社

Kahneman, D. and Tversky, A. (1979), “Prospect theory : An analysis of decision under risk”, *Econometrica* 47: 263-291.

金森誠也訳（2008）『クラウゼヴィッツのナポレオン戦争従軍記』ビジネス・ネット・プレス

カント・I（1974）『啓蒙とは何か』篠田英雄訳　岩波文庫

カント・I（1979）『実践理性批判』篠田英雄・波多野 精一・宮本 和吉訳　岩波文庫

カント・I（1980）『道徳形而上学原論』篠田英雄訳　岩波文庫

川村康之（編著）（2001）『戦略論体系（2）―クラウゼヴィッツ』芙蓉書房出版

菊澤研宗（きくざわけんしゅう）
1957年生まれ。慶應義塾大学商学部卒業後、同大学大学院商学研究科博士課程単位取得退学。'88年防衛大学校社会科学教室専任講師。'93〜'94年ニューヨーク大学スターン経営大学院客員研究員。'99年防衛大学校社会科学教室・総合安全保障研究科教授。2002年中央大学大学院国際会計研究科教授。現在、慶應義塾大学商学部・大学院商学研究科教授。主な著書に『比較コーポレート・ガバナンス論』（有斐閣）、『「命令違反」が組織を伸ばす』（光文社新書）、『戦略学』（ダイヤモンド社）、『組織は合理的に失敗する』（日経ビジネス人文庫）などがある。

戦略《せんりゃく》の不条理《ふじょうり》 なぜ合理的《ごうりてき》な行動《こうどう》は失敗《しっぱい》するのか

2009年10月20日初版1刷発行

著　者 ― 菊澤研宗
発行者 ― 古谷俊勝
装　幀 ― アラン・チャン
印刷所 ― 萩原印刷
製本所 ― 明泉堂製本
発行所 ― 株式会社光文社
東京都文京区音羽1-16-6（〒112-8011）
http://www.kobunsha.com/
電　話 ― 編集部03(5395)8289　書籍販売部03(5395)8113
業務部03(5395)8125
メール ― sinsyo@kobunsha.com

 ISBN 978-4-334-03529-7

光文社新書

166
**オニババ化する女たち**
女性の身体性を取り戻す
三砂ちづる
行き場を失ったエネルギーが男も女も不幸にする⁉ 女性保健の分野で活躍する著者が、軽視される性や生殖、出産の経験の重要性を説き、身体の声に耳を傾けた生き方を提案する。

221
**下流社会**
新たな階層集団の出現
三浦展
「いつかはクラウン」から「毎日百円ショップ」の時代へ――。もはや「中流」ではなく「下流」化している若い世代の価値観、生活、消費を豊富なデータから分析。階層問題初の消費社会論。

237
**「ニート」って言うな！**
本田由紀　内藤朝雄
後藤和智
その急増が国を揺るがす大問題のように報じられる「ニート」。日本でのニート問題の論じられ方に疑問を持つ三人が、各々の立場からニート論が覆い隠す真の問題点を明らかにする。

316
**下流社会　第2章**
なぜ男は女に〝負けた〟のか
三浦展
全国1万人調査でわかった！「正社員になりたいわけじゃない」「妻に望む年収は500万円」「ハケン一人暮らしは〝三重楽〟」。男女間の意識ギャップは、下流社会をどこに導くのか？

359
**人が壊れてゆく職場**
自分を守るために何が必要か
笹山尚人
賃金カット、いじめ、パワハラ、解雇、社長の気まぐれetc.弁護士が見聞した、現代の労働現場の驚くべき実態。「こんな社会」で生きるために、何が必要か。その実践的ヒント。

367
**子どもの最貧国・日本**
学力・心身・社会におよぶ諸影響
山野良一
7人に1人の児童が困窮し、ひとり親家庭はOECDで最貧困。日本は米国と並び最低水準の福祉だ。日米での児童福祉の現場経験をふまえ、理論・統計も使い、多角的に実態に迫る。

396
**住宅政策のどこが問題か**
〈持家社会〉の次を展望する
平山洋介
「住」の不平等が拡大している。住宅政策は「普通の家族」だけが恩恵を受ける、経済刺激策のままなのか。独身者や困窮者も含め、多様化する人びとの暮らしを改善できるのか？

# 光文社新書

081
**論理的思考と交渉のスキル**
髙杉尚孝
ロジカル・シンキングも、ビジネスの実践で使えなければ意味がない！ 現代人に必須のスキルである論理的交渉力を、この一冊で身につける。

188
**ラッキーをつかみ取る技術**
小杉俊哉
人の評価を気にしない、組織から離れてみる、嫌なことはしない、絶対にあきらめない……。キャリアが見えない時代に、こちらから積極的にラッキーを取りにいくためのキャリア論。

210
**なぜあの人とは話が通じないのか？**
非・論理コミュニケーション
中西雅之
交渉決裂、会議紛糾——完璧な論理と言葉で臨んでも、自分の意見が通らないのはなぜ？ コミュニケーション学の専門家が解説する、言葉だけに頼らない説得力、交渉力、会話力。

257
**企画書は1行**
野地秩嘉
相手に「それをやろう」と言わせる企画書は、どれも魅力的な一行を持っている——。自分の想いを実現する一行をいかに書くか。第一人者たちの「一行の力」の源を紹介する。

286
**接待の一流**
おもてなしは技術です
田崎真也
なぜ日本人男性は「もてなしベタ」なのか？ 世界一ソムリエが、必ず相手に喜ばれるもてなし術を「接待編」と「デート編」に分けて解説。これをマスターすれば、人生が変わる！

403
**夢をカタチにする仕事力**
映画祭で学んだプロジェクトマネジメント
別所哲也
「短編映画のすばらしい世界を、みんなにも知ってもらいたい」——手弁当で始めた映画祭が、アメリカ・アカデミー賞公認のビッグイベントに！ 生みの親による体験的ビジネス論。

417
**キラークエスチョン**
会話は「何を聞くか」で決まる
山田玲司
会話は「何を話すか」ではなく「何を聞くか」で決まる——聞き役に徹して、相手の心の奥にある固い扉をこじ開ける質問を重ねれば、人間関係は必ず良くなる。初対面も怖くない！

光文社新書

150
# 座右のゲーテ
壁に突き当たったとき開く本
齋藤孝

「小さな対象だけを扱う」「日付を書いておく」「論理的思考を封印する」――本書では、ゲーテの〝ことば〟をヒントにして、知的で豊かな生活を送るための具体的な技法を学ぶ。

176
# 座右の諭吉
才能より決断
齋藤孝

「浮世を軽く視る」「極端を想像す」「まず相場を知る」「喜怒色に顕わさず」――類い希なる勝ち組気質の持ち主であった福沢諭吉の珠玉の言葉から、人生の指針を学ぶ。

177
# 現代思想のパフォーマンス
難波江和英　内田樹

現代思想は何のための道具なの？　二〇世紀を代表する六人の思想家を読み解き、現代思想をツールとして使いこなす技法をパフォーマンス（実演）する。

244
# チョムスキー入門
生成文法の謎を解く
町田健

近年、アメリカ批判など政治的発言で知られるチョムスキーのもう一つの顔、それは言語学に革命をもたらした生成文法の提唱者としての顔である。彼の難解な理論を明快に解説。

290
# 論より詭弁
反論理的思考のすすめ
香西秀信

なぜ、論理的思考が議論の場で使えないか。その理由は、それが対等の人間関係を前提に成立しているからである――対等の人間関係などない実社会で使える詭弁術の数々！

353
# 座右のニーチェ
突破力が身につく本
齋藤孝

規制や抑圧を打ち壊し、突破したニーチェのことばから、保身や恐れを克服し現代を生き抜くヒントを学ぶ。心に溜まった垢を洗い流す「座右」シリーズの第三弾。

406
# 難解な本を読む技術
高田明典

フロイト、ラカン、ウィトゲンシュタイン、デリダ、ジジェク…。偉大な哲学者たちの難解な思想を、読書を通していかに自分の中に取り込み血肉化するか、その技術を紹介する。

光文社新書

265
日本とフランス　二つの民主主義
不平等か、不自由か
薬師院仁志

自由を求めて不平等になっていく国・日本と、平等を求めて不自由になっていく国・フランス。相反する両国の憲法や政治体制を比較・検討しながら、民主主義の本質を問いなおす。

301
ベネディクト・アンダーソン　グローバリゼーションを語る
梅森直之　編著

大ベストセラー『想像の共同体』から二四年。グローバル化を視野に入れ新たな展開を見せるアンダーソンのナショナリズム理論を解説。混迷する世界を理解するヒントを探る。

314
ネオリベラリズムの精神分析
なぜ伝統や文化が求められるのか
樫村愛子

グローバル化経済のもと、労働や生活が不安定化していくなか、どのように個人のアイデンティティと社会を保てばいいのか？　ラカン派社会学の立場で、現代社会の難問を記述する。

357
チベット問題
ダライ・ラマ十四世と亡命者の証言
山際素男

ダライ・ラマ十四世との五日間にわたる単独インタビュー、尼僧を始めとした亡命チベット人たちの赤裸々な証言を中心に、〝チベット問題〟の流れを知るための貴重な記録。

387
もしも老子に出会ったら
山田史生

貧困や争い、自分探し、私欲の暴走、家庭や共同体の崩壊……現在の困難に、老子ならどう答えるか。『ない』方が『ある』「無限小の力」とは何か。古典思想家の言葉が、現代に甦る。

389
ベーシック・インカム入門
無条件給付の基本所得を考える
山森亮

世界的に注目される「ベーシック・インカム（基本所得）」。この仕組みは現代社会に何をもたらすのか？　労働、ジェンダー、グローバリゼーション、所有……の問題を再考する。

390
進化倫理学入門
「利己的」なのが結局、正しい
内藤淳

従来の倫理学や法哲学で議論が錯綜している「道徳の根拠」という難題に、人間行動進化学という理科系の知見を活用し、ユニークな視点で切り込む。新しい学問をわかりやすく解説。